高职院校德育教学的有效策略研究

周格玲 著

中国纺织出版社有限公司

图书在版编目(CIP)数据

高职院校德育教学的有效策略研究 / 周格玲著. --北京：中国纺织出版社有限公司, 2023.12
ISBN 978-7-5229-1067-3

Ⅰ.①高… Ⅱ.①周… Ⅲ.①德育—教学研究—高等职业教育 Ⅳ.①G711

中国国家版本馆 CIP 数据核字（2023）第 253871 号

责任编辑：王 慧　　责任校对：高 涵　　责任印制：储志伟

中国纺织出版社有限公司出版发行
地址：北京市朝阳区百子湾东里 A407 号楼　邮政编码：100124
销售电话：010—67004422　传真：010—87155801
http://www.c-textilep.com
中国纺织出版社天猫旗舰店
官方微博 http://weibo.com/2119887771
三河市宏盛印务有限公司印刷　各地新华书店经销
2023 年 12 月第 1 版第 1 次印刷
开本：787×1092　1/16　印张：10
字数：205 千字　定价：98.00 元

凡购本书，如有缺页、倒页、脱页，由本社图书营销中心调换

前言

随着社会的发展和教育的进步，高职院校德育教育在培养学生全面发展和塑造良好人格方面扮演着至关重要的角色。高职院校作为培养技术与应用型人才的重要阶段，除了注重学生的专业知识和技能培养，也应该将德育教育作为一项重要的任务，培养学生的道德修养、职业道德和社会责任感。

本研究《高职院校德育教学的有效策略研究》旨在探索高职院校德育教学的有效策略，帮助教育者和教育管理者更好地实施德育教育，提升学生的道德素养和综合素质。本研究将通过对德育教学的背景和目的、理论基础、现状分析以及有效策略的探讨，为高职院校德育教学提供有益的指导和启示。

第一章为导论，介绍了研究的背景和目的。本章旨在引出本研究的重要性和挑战，并明确研究的方法和范围。第二章将探讨高职院校德育教育的理论基础，包括德育教育的概念和定义、高职院校德育教育的特点和目标，以及当代德育教育理论和模型。第三章将对高职院校德育教育的现状进行分析，包括高职院校德育教学的发展历程、当前德育教学面临的挑战和问题。在第四章中，我们将探讨建立积极的学习环境对高职院校德育教育的重要性，并提出相应的策略和方法。第五章将重点讨论如何设计德育课程，包括内容和教学方法的选择，以及如何融入职业道德和职业技能的培养。第六章将关注德育教育与社会实践的结合，包括组织学生参与德育活动、社区服务和志愿者活动，以及培养学生的责任感和社会参与意识。第七章将重点关注鼓励学生参与德育活动的规划和组织，提供机会让学生发挥主动性和领导潜力，以及培养学生的自我管理能力和团队合作能力。最后，在第八章中，我们将探讨高职院校德育教育教学评估与效果，包括高职院校德育教学的专业发展与支持、德育教师专业发展的重要性和需求，以及提供支持和资源的机制和策略，同时介绍德育教师培训和培养的有效方法。

本研究旨在为高职院校德育教育提供一揽子的有效策略，帮助教育者更好地实施德育教育，培养学生的道德情操和职业素养。通过深入探讨德育教育的理论基础、现状分析和有效策略，我们希望为高职院校提供切实可行的指导，以提升学生的道德修养和综合素质。

本研究将综合运用文献研究、实证研究和案例分析等方法，结合国内外相关理论和实践经验，形成一套系统完备的高职院校德育教育有效策略。我们相信，通过本研究的努力，能够为高职院校德育教育提供有益的参考和指导，推动德育教育的深入发展，培养更多具有良好道德品质和职业道德的高素质人才。

最后，我们要感谢所有为本研究提供支持和帮助的人们，包括相关领域的专家学者、教育管理者和实践工作者。他们的贡献和努力使本研究得以顺利进行。同时，我们也希望本研究能够为高职院校德育教育的改进和发展提供有益的思路和方向。

希望本研究能够对广大高职院校的教育工作者和决策者有所启示，促进德育教育的提升和创新，为培养德智体美全面发展的高素质人才做出更大的贡献。

周格玲

2023 年 7 月

目 录

第一章 导论 ·· 1

    第一节 研究背景和目的 ·· 1

    第二节 德育教学在高职院校的重要性和挑战 ······························ 2

    第三节 研究方法和范围 ·· 3

第二章 高职院校德育教育的理论基础 ·· 5

    第一节 德育教育的概念和定义 ··· 5

    第二节 高职院校德育教育的特点和目标 ··································· 9

    第三节 当代德育教育理论和模型 ·· 17

第三章 高职院校德育教学的现状分析 ·· 25

    第一节 高职院校德育教学的发展历程 ···································· 25

    第二节 当前德育教学面临的挑战和问题 ································· 32

第四章 高职院校德育教学建立积极的学习环境 ······························ 43

    第一节 创建支持和鼓励学生发展的学习环境 ··························· 43

    第二节 培养良好的师生关系和同学之间的互助合作氛围 ············ 52

    第三节 鼓励学生参与课堂讨论和团队活动 ······························ 60

第五章 高职院校德育教学设计德育课程

第一节 设计德育课程内容和教学方法 ... 69
第二节 融入职业道德和职业技能的培养 ... 85
第三节 提供案例分析和实际应用的机会 ... 90

第六章 高职院校德育教学活动与社会实践

第一节 组织学生参与德育活动、社区服务和志愿者活动 ... 95
第二节 培养学生的责任感和社会参与意识 ... 105

第七章 高职院校德育教学激发学生的参与主动性

第一节 鼓励学生参与德育活动的规划和组织 ... 109
第二节 提供机会让学生发挥主动性和领导潜力 ... 115
第三节 培养学生的自我管理能力和团队合作能力 ... 121

第八章 高职院校德育教学评估与效果

第一节 高职院校德育教学的专业发展与支持 ... 131
第二节 德育教师专业发展的重要性和需求 ... 141
第三节 提供支持和资源的机制和策略 ... 145
第四节 德育教师培训和培养的有效方法 ... 147

参考文献 ... 151

第一章 导论

第一节 研究背景和目的

一、研究背景

在当今社会，高职院校的德育教育被越来越多的教育者和教育管理者所重视。随着社会的快速发展和经济的持续进步，高职院校作为培养技术与应用型人才的重要阶段，其培养目标已从简单的知识与技能转变为注重学生全面发展和塑造良好人格。德育教育作为高职院校教育的重要组成部分，不仅涉及学生的道德修养、职业道德和社会责任感，还关系到他们的职业素质和综合素养。

然而，当前高职院校德育教育面临着一些挑战和问题。首先，社会转型和价值观多元化使得学生的道德观念和行为模式出现了较大的变化，传统的德育教育方式和方法已经难以适应现代学生的需求。其次，高职院校注重实践和技能培养，导致德育教育在课程设置和教学安排中常常被边缘化，德育课程缺乏系统性和针对性。此外，德育教师队伍建设不足、评估机制不完善及学生参与度不高等问题也制约了高职院校德育教育的有效开展。

因此，有必要深入研究高职院校德育教学的有效策略，以提升德育教育的质量和效果，培养具有良好道德品质和职业素养的高素质人才。本研究旨在针对高职院校德育教育面临的问题和挑战，探索有效的教学策略和方法，为高职院校的德育教育提供科学可行的指导和借鉴。

二、研究目的

本研究的主要目的是探索高职院校德育教学的有效策略，旨在提供一套系统完备的指导原则和实施方法，促进高职院校德育教育的发展和创新。具体研究目的包括：

分析高职院校德育教育的现状和问题，了解德育教育的发展历程、面临的挑战及存在的不足之处。

探讨高职院校德育教育的理论基础，包括德育教育的概念、定义及相关的理论模型和框架。

研究高职院校德育教学的特点和目标，明确德育教育在高职院校中的定位和重要性。

基于理论和实践经验，提出适合高职院校德育教学的有效策略和方法，包括创建积极的学习环境、设计德育课程、组织德育活动和社会实践等方面的措施。

探讨德育教师的专业发展需求和培养方式,提出支持和促进德育教师发展的机制和策略。

分析德育教学评估的方法和效果,探讨如何对高职院校德育教育进行科学评估,提高教学效果和质量。

通过实施上述研究目标,本研究旨在为高职院校的教育者、教育管理者和德育教师提供有益的理论指导和实践经验,促进高职院校德育教育的持续改进和创新。同时,本研究也希望为其他教育领域提供借鉴和参考,推动德育教育的发展和推广。

总之,本研究旨在深入探讨高职院校德育教学的有效策略,为培养德智体美全面发展的高素质人才提供有益的思路和方法。通过研究结果的应用与推广,期望能够推动高职院校德育教育的全面提升,为学生的综合发展和社会责任感的培养做出积极贡献。

第二节 德育教学在高职院校的重要性和挑战

一、高职院校德育教学的重要性

高职院校德育教育在培养学生全面发展和塑造良好人格方面具有重要的意义和价值。以下是高职院校德育教育的重要性所在。

(一)培养道德品质和职业道德

高职院校的德育教育旨在培养学生的道德品质和职业道德。通过培养学生正确的道德观念、价值观和行为准则,使其具备良好的道德修养和职业操守,能够在职业领域中遵循职业道德规范,维护社会公共利益。

(二)塑造良好的人格素质

德育教育注重培养学生的品德和人格素质,使其成为具有良好品行和高尚道德情操的社会成员。这包括培养学生的诚实守信、友善互助、团队合作、正直勇敢等品质,形成积极向上的人格特质。

(三)培养社会责任感

高职院校德育教育旨在培养学生的社会责任感和公民意识。通过引导学生关注社会问题、参与社会实践和志愿者活动,使其具备社会参与和贡献的意识,积极投身社会发展和进步。

(四)促进综合素质的提升

德育教育不仅关注学生的道德品质,还注重对其综合素质的培养。通过德育教育,学生可以培养自主学习能力、创新能力、沟通能力、领导能力等综合素质,提升其综合竞争力和适应社会发展的能力。

二、高职院校德育教学面临的挑战

（一）时代变革与价值观多元化

随着社会的快速发展和信息化时代的到来，学生的价值观念和行为模式发生了深刻的变化。德育教育需要适应时代的变革和价值观的多元化，面对不同背景和价值观的学生，如何有效引导和培养他们的道德修养和职业道德成为一个挑战。

（二）课程设置与教学安排的挑战

高职院校注重实践和技能培养，导致德育教育在课程设置和教学安排中常常被边缘化。德育课程缺乏系统性和针对性，德育教育往往只停留在表面性的教育活动中，缺乏深度和内涵。

（三）德育教师队伍建设不足

德育教师在德育教育中起着至关重要的作用，但目前德育教师队伍建设相对滞后。一方面，德育教师的数量不足，难以满足高职院校德育教育的需求；另一方面，德育教师的专业素养和教育能力有待提高，需要加强培训和支持。

（四）德育教学评估的挑战

德育教育的评估是确保德育教学有效性的关键。然而，目前德育教育的评估机制不完善，德育教育的评价标准和方法相对模糊。如何科学地评估学生的道德修养和职业道德成为一个挑战。

（五）学生参与度不高

由于德育教育在高职院校中常常被边缘化，学生对于德育教育的关注度和参与度不高。德育教育需要创造积极的学习环境，激发学生的兴趣和参与度，使其主动参与德育活动和实践。

面对这些挑战，高职院校德育教学需要采取相应的策略和方法，以确保德育教育的有效开展。同时，还需要加强德育教师的专业发展和培训，建立健全的评估机制，注重德育教育与职业教育的有机结合，从而提高德育教学的质量和增强效果。

第三节　研究方法和范围

一、研究方法

（一）文献研究

通过对相关文献的综合梳理和分析，了解高职院校德育教学的理论基础、发展历程、面临的挑战及有效策略的研究现状。文献研究将提供理论框架和实证研究的基础。

（二）实证研究

通过问卷调查、访谈、观察等实证研究方法，收集高职院校德育教学的实际情况和教育者、学生的观点和反馈。实证研究将帮助深入了解高职院校德育教学的现状、问题和需求，为有效策略的制定提供实证支持。

（三）案例分析

通过对一些具有代表性的高职院校德育教学案例的深入分析，探讨成功的经验和有效的策略。案例分析将为高职院校德育教学提供具体的借鉴和启示，帮助其指导实践工作。

综合运用上述研究方法，将使本研究具备较高的科学性和实用性，能够从多个角度全面地研究高职院校德育教学的有效策略。

二、研究范围

（一）高职院校

本研究的重点是针对高职院校进行德育教学的研究，考虑到高职院校在培养技术与应用型人才方面的特点和目标，将对其德育教学的有效策略进行深入探讨。

（二）德育教学

本研究将关注高职院校的德育教学，包括德育课程设置、教学方法与手段、学校文化建设、师生关系等方面的内容。将探索如何在高职院校的教育实践中有效地开展德育教育工作。

（三）教育者和学生

本研究将关注高职院校的教育者（包括德育教师、教育管理者等）和学生。通过调查和访谈等方法，了解教育者对于德育教育的认知、教育实践和需求，以及学生对于德育教育的感受和期望，从而为制定有效策略提供参考和指导。

（四）有效策略研究

本研究的重点是探讨高职院校德育教学的有效策略。将从学校管理层面、教师角色与能力、课程设计与教学方法、学生参与反馈等多个方面进行研究，旨在提出切实可行的策略和方法，促进高职院校德育教育的发展和提升。

需要说明的是，本研究并不涉及具体高职院校的实证研究，而是从整体层面上研究高职院校德育教学的有效策略，以期为高职院校的德育教育提供有益的指导和借鉴。

总体而言，本研究的方法和范围将从理论和实证研究相结合的角度出发，深入研究高职院校德育教学的有效策略，以推动高职院校德育教育的发展和创新。

第二章 高职院校德育教育的理论基础

第一节 德育教育的概念和定义

德育教育是一种特定的教育形式,旨在培养学生的道德品质、价值观和行为准则,以使其成为具有良好道德修养和道德情操的社会成员。德育教育强调对学生的道德感召和引导,通过教育过程中教师的言传身教和特定的教学活动,促使学生形成积极向上的人格和行为模式。德育教育的概念可以从不同角度进行理解和定义。以下是几种常见的德育教育的概念和定义。

一、道德教育

德育教育强调培养学生的道德素养和道德行为,使其具备正确的道德观念、价值观和行为准则,以促进他们在道德选择和道德实践中具备正确的判断和行动能力。

道德教育的目标是培养学生形成积极向上的道德品质和行为,使他们具备自律、诚实、正直、宽容、尊重、关爱等道德特质,能够在面对道德困境和选择时做出正确的判断和决策。道德教育还注重培养学生的道德意识,使他们能够意识到道德行为的重要性,对自己的行为负责,并具备为他人和社会利益着想的能力。在进行道德教育时,教育者应该注重以下几个方面的引导和示范。

(一)价值观的传递与引导

道德教育的核心是传递正确的价值观和道德观念。教育者应以身作则,通过自己的言传身教,引导学生形成正确的价值观,培养正义、公平、诚信、友善等积极的道德价值观。

(二)值得尊重的行为示范

教育者应通过教学活动和实践案例,作为具有道德品质和道德行为的典范,让学生模仿并学习。同时,要引导学生区分道德与非道德行为的差异,培养他们在行为选择中明辨是非的能力,做出正确的决策。

(三)道德判断和决策能力的培养

教育者应帮助学生理解道德问题的本质和背后的价值考量,培养他们分析和评估道德问题的能力,使其能够在实际生活中遇到道德困境时做出准确、公正和负责任的决策。

（四）道德情感和道德责任的培养

道德教育不仅关注道德行为，还注重培养学生的道德情感和道德责任感。教育者应通过情感教育、情景模拟等方式，培养学生积极的道德情感和坚定的道德责任感。

二、人格教育

德育教育强调培养学生的人格素质和品格形成，使其具备良好的品行、情感和态度。它注重培养学生的品德、情感智慧、行为规范和社交能力，以塑造学生积极健康的人格特质和行为习惯。在进行人格教育时，教育者应注重以下几个方面的引领和示范。

（一）品德培养与道德示范

教育者应通过道德教育活动和示范行为，引导学生形成正确的品德观念和行为准则。教育者应以身作则，通过自己的言行举止，树立正面的榜样，激励学生模仿和学习。同时，教育者还应通过教学案例和故事，向学生传递道德价值观，引导他们在日常生活中形成良好的品德修养。

（二）情感培养与情感教育

人格教育强调培养学生的情感智慧和健康情感状态。教育者应鼓励学生积极表达情感，培养他们的情感认知和情感调节能力。通过情感教育活动和互动体验，教育者可以帮助学生理解自己的情感，接纳和表达情感，培养积极的情感态度，提高情感智慧。

（三）行为规范与自律培养

人格教育注重培养学生的行为规范和自律能力。教育者应建立明确的行为准则和规范，引导学生遵守社会公共规范，养成良好的行为习惯。教育者可以通过角色扮演、行为模仿等方式，让学生理解和应用行为规范。同时，教育者还应给予学生适当的自主决策权，鼓励他们自主思考和行动，培养独立自律的性格特质。

（四）社交能力与合作精神培养

人格教育注重培养学生的社交能力和合作精神，使他们能够与他人和谐相处，建立良好的人际关系。教育者应通过团队合作、协作项目等活动，培养学生的合作意识、沟通技巧和解决问题的能力。同时，教育者还应引导学生理解和尊重他人的观点和感受，培养学生的社交智慧和包容心态。

（五）反思与终身学习

人格教育强调学生的反思和终身学习能力。教育者应引导学生反思自己的行为和经历，从中汲取教训和经验，不断改进和完善自己的人格。同时，教育者还应培养学生的自主学习能力，鼓励他们持续学习和成长，不断提升自己的人格素养和行为水平。

人格教育是一项长期而复杂的任务，需要教育者和社会共同努力。教育者应注重个体差异，因材施教，采取多元化的教育方法和策略，为学生提供多样化的学习和成长机会。同时，社会也应提供良好的教育环境和支持，营造培养学生健康人格的社会氛围。

人格教育是德育教育的重要组成部分，注重培养学生积极健康的人格特质和行为习惯。教育者应注重对学生品德培养、情感培养、行为规范、社交能力和终身学习等方面的培养，以帮助学生形成健全完善的人格，为其未来的发展和成长奠定坚实的基础。

三、价值教育

德育教育注重培养学生正确的价值观和人生观，引导他们形成正确的价值判断和价值选择。它强调通过教育过程中的价值引领和实践活动，使学生认识和尊重社会公共价值和个体价值，树立正确的人生目标和追求。在进行价值教育时，教育者应注重以下几个方面的引领和示范。

（一）价值观的传递与引导

教育者应通过教育过程中的言传身教，向学生传递正确的价值观和人生观。他们应以身作则，成为学生价值观形成的榜样，引导学生通过观察和模仿来理解和接受正确的价值观念。

（二）价值冲突的处理与讨论

价值教育注重培养学生处理价值冲突的能力。教育者可以通过讨论、辩论和案例分析等方式，引导学生认识不同价值观之间的冲突，并培养他们的思辨能力，让学生能够理性思考和判断，并做出合适的决策。

（三）价值实践与体验活动

价值教育强调将价值观念与实践相结合。教育者应组织学生参与实践活动，让他们能够亲身体验和实践正确的价值观念。这可以通过社区服务、志愿者活动、文化体验等形式来实现，让学生能够将抽象的价值观念转化为具体的行动。

（四）尊重文化多样性

在进行价值教育时，教育者应尊重和包容不同的文化背景和价值观。他们应鼓励学生理解和尊重多元化的价值观，培养学生的跨文化意识和包容心态。这有助于学生形成开放、宽容的态度，从而更好地与不同背景的人进行交流和合作。

（五）人生目标与价值追求

价值教育关注学生的人生目标和价值追求。教育者应引导学生思考人生的意义和价值，并帮助他们建立正确的人生目标。通过培养学生对自身价值的认知和对社会责任的感知，教育者能够激发学生追求真善美的内在动力，引导他们在人生的道路上做出正确的价值选择。

（六）反思与终身学习

价值教育强调学生的反思和终身学习能力。教育者应引导学生反思自己的价值观念和行为，培养他们的批判思维和自我评估能力。通过不断地反思和学习，学生能够不断调整和完善自己的价值观，逐渐形成成熟和稳定的人生观。

在实施价值教育时，教育者需要注重教育过程的个性化和因材施教。因为每个学生都有不同的背景、经历和价值观，教育者应尊重学生的个体差异，灵活运用教学方法和策略，为每个学生提供适合他们的学习机会和价值触碰点。

此外，价值教育也需要与社会发展和时代变迁相结合，关注现代社会面临的价值挑战和伦理问题。教育者应引导学生认识和应对这些挑战，培养他们在价值冲突和伦理困境中做出正确选择的能力。

价值教育是德育教育的重要组成部分，注重培养学生正确的价值观和人生观。教育者通过价值引领、价值冲突处理、价值实践与体验、尊重文化多样性、人生目标与价值追求等方面的培养，帮助学生形成积极向上的价值观和人生追求，为其未来的发展和成长奠定坚实的基础。

四、社会责任教育

德育教育强调培养学生的社会责任感和公民意识，使其认识到自己在社会中的角色和责任，并积极参与社会事务，为社会发展和进步做出贡献。在进行社会责任教育时，教育者应注重以下几个方面的培养

（一）公民意识的培养

教育者应引导学生认识自己是社会的一员，具有公民的权利和责任。他们应帮助学生了解社会的结构和运作机制，理解社会规则和法律的重要性，以及个体与社会之间的相互关系。通过公民教育的方式，教育者可以帮助学生形成积极的公民意识，认识到自己在社会中的作用和责任。

（二）社会问题意识的培养

教育者应引导学生关注社会问题，如贫困、环境污染、社会不公等。他们可以通过案例分析、讨论和实地考察等方式，让学生深入了解社会问题的根源和影响，并培养他们对社会问题的敏感性和责任感。同时，教育者还应帮助学生认识到自己可以通过个人努力和集体行动来解决社会问题。

（三）社会参与和实践活动

社会责任教育强调学生的实践参与。教育者可以组织学生参与社区服务、志愿者活动、公益项目等实践活动，让他们亲身体验社会责任的重要性和影响力。通过实践活动，学生可以将道德观念和社会责任转化为实际行动，为社会发展和改善做出贡献。

（四）团队合作与合作精神培养

社会责任教育注重培养学生的团队合作和合作精神，使他们能够与他人合作，共同解决社会问题。教育者可以通过团队项目、协作活动等方式，培养学生的合作意识、沟通技巧和团队合作能力。这有助于学生理解团队合作的重要性，并学会与他人合作，共同追求社会责任的实现。

（五）反思与终身学习

社会责任教育强调学生的反思和终身学习能力。教育者应引导学生反思自己的社会行为和参与经历，帮助他们评估自己的社会责任感和行动效果。通过反思，学生能够认识到自己的成长和发展，不断提升自己的社会责任意识和行动能力。此外，教育者还应鼓励学生进行终身学习，关注社会问题的动态变化，更新自己的知识和技能，以更好地适应社会需求并做出积极的贡献。

社会责任教育是一项长期而复杂的任务，需要教育者、学校和社会的共同努力。教育者应注重培养学生的社会责任感和公民意识，通过公民教育、社会参与活动和实践项目等方式，激发学生的社会责任意识和行动能力。学校应提供相应的教育环境和资源支持，鼓励学生参与社会实践，并将社会责任教育融入课程和教学活动中。同时，社会也应提供良好的社会支持和鼓励，为学生的社会责任行为提供机会和认可。

需要指出的是，不同文化、教育体系和教育理论对德育教育的概念和定义可能存在一定差异。因此，德育教育的概念和定义在不同背景下可能会有所不同，但核心目标都是培养学生的道德品质和价值观，塑造其良好的人格和行为模式，使其成为具有良好道德修养和道德情操的社会成员。

德育教育是一种重要的教育形式，旨在培养学生的道德品质、价值观和行为准则。它关注学生的道德修养、人格塑造、价值观培养和社会责任感的培养。德育教育的定义可以因不同文化、教育体系和教育理论而有所差异，但其核心目标是培养具有良好道德品质和道德情操的社会成员，促进学生全面发展和社会进步。

第二节 高职院校德育教育的特点和目标

一、高职院校德育教育的特点

（一）职业导向性

高职院校的德育教育注重培养学生的职业道德和职业素养，使其能够在职业领域中遵循职业道德规范，具备良好的职业操守和职业技能。德育教育与职业教育有机结合，帮助学生在职业发展中更好地应对挑战。高职院校德育教育的职业导向性具有以下几个特点。

1. 职业道德的培养

高职院校德育教育致力于培养学生良好的职业道德。这包括让学生认识到在职业生涯中所面临的道德困境和伦理挑战，并教导他们如何在实际工作中坚守道德原则，履行职业道德义务。教育者通过案例分析、讨论和角色扮演等方式，引导学生理解职业道德的重要性，并培养他们正确处理职业伦理问题的能力。

2. 职业素养的培养

高职院校德育教育注重培养学生的职业素养。这包括使学生具备良好的职业操守、职业形象和职业态度。教育者通过职业规范的介绍、职业技能的训练和实践活动，帮助学生掌握专业知识和技能，培养他们的职业自觉性和专业精神。同时，教育者还注重培养学生的职业规划能力，引导他们树立正确的职业目标，积极发展自己的职业道路。

3. 职业伦理的培养

高职院校德育教育强调培养学生的职业伦理。这包括使学生认识到职业伦理与个人利益、组织利益以及社会利益之间的平衡关系，并培养他们在职业实践中秉持诚信、公正的行为准则。教育者通过引导学生分析和解决职业伦理问题的案例、开展职业伦理讨论和道德决策的模拟等活动，帮助学生理解职业伦理的重要性，并培养他们在职业实践中做出正确道德决策的能力。

4. 职业发展的支持

高职院校德育教育还提供职业发展的支持。教育者通过职业生涯规划指导、实习和就业指导等方式，帮助学生了解职业发展的机会和挑战，提供实践机会，帮助学生培养职业竞争力和适应能力。这包括教育学生如何在职业道德与职业技能之间做出权衡，如何在工作中继续学习和发展自己的职业素养，以实现职业生涯的成功。

通过培养学生的职业道德和职业素养，教育者帮助他们在职业发展中更好地应对职业道德与职业技能的挑战。这有助于学生成为具有良好职业操守和职业能力的职业人才，为社会和行业的发展做出积极的贡献。高职院校应注重将德育教育与职业教育有机结合，提供系统的德育课程和实践机会，为学生的职业发展奠定坚实的道德和职业基础。

（二）实践导向性

高职院校德育教育注重实践和应用，通过实际的教学活动和社会实践，使学生能够将道德理念与实际行动相结合。学生通过实际操作和实践体验，培养自己的道德情操和职业道德，在实际工作中更好地应用道德准则。高职院校德育教育实践导向性具有以下几个特点。

1. 职业技能与道德培养相结合

高职院校的德育教育注重将职业技能培养与道德培养相结合。学生在学习职业技能的同时，也接受道德教育的指导。通过实际操作和实践项目，学生能够将道德准则应用于实际工作中，培养正确的职业操守和职业道德。

2. 实践活动的组织与参与

高职院校通过组织各种实践活动，如实习、实训、社会实践等，为学生提供实践的机会。这些实践活动能够让学生身临其境地感受真实的工作环境和职业场景，从而更好地理解和应用道德准则。学生通过实践活动，不仅能够将道德理念转化为实际行动，还能够面对实际情况和挑战，培养解决问题的能力和职业素养。

3. 案例分析与讨论

高职院校德育教育注重通过案例分析和讨论来培养学生的道德思考和决策能力。教育者引导学生分析真实的案例，讨论其中涉及的道德问题和职业伦理挑战。通过讨论，学生能够思考并提出解决问题的合理方法，培养自己的道德判断和决策能力。这种基于实际案例的讨论，帮助学生更好地理解道德准则与实际工作的关系，为他们将道德理念转化为实际行动提供指导。

4. 职业导师的指导与辅导

高职院校德育教育在高职院校中的实践导向性特点还体现在职业导师的指导与辅导。职业导师在德育教育中起到重要的作用，他们是从业经验丰富、具备专业知识和道德素养的专业人士。他们与学生建立密切的师生关系，通过指导和辅导，帮助学生将道德准则与实际工作相结合。

职业导师通过与学生的交流和互动，了解学生的个人发展需求和职业目标。他们可以为学生提供实践机会，引导他们在实际工作中面对道德困境时做出正确的决策和行为选择。职业导师还可以通过个别指导和集体讨论，帮助学生分析和解决职业道德问题，提供实用的建议和经验分享。

此外，职业导师还能够为学生提供职业规划和发展方向的指导。他们可以帮助学生了解自身的兴趣、能力和价值观，结合职业发展的趋势和需求，制定个人的职业规划。通过与职业导师的交流和指导，学生能够更好地了解职业道德对职业发展的重要性，明确自己在职业生涯中的目标和方向。

高职院校德育教育的实践导向性体现在职业技能与道德培养相结合、实践活动的组织与参与、案例分析与讨论，以及职业导师的指导与辅导等方面。通过这些实践导向的特点，学生能够在实际操作和实践中培养自己的道德情操和职业道德，将道德准则应用于实际工作中。这有助于他们在职业发展中更好地应对道德与职业技能的挑战，成为具备职业道德和职业能力的优秀职业人才。高职院校应注重提供丰富的实践机会和导师指导，为学生的实践导向的德育教育提供支持和保障。

（三）社会关联性

高职院校德育教育注重培养学生的社会责任感和公民意识，使其认识到自己在社会中的角色和责任。德育教育与社会实践、社区服务等社会活动相结合，使学生能够主动参与社会事务，为社会发展和进步做出贡献。高职院校德育教育的社会关联性具有以下几个特点。

1. 社会实践活动的组织与参与

高职院校通过组织社会实践活动，为学生提供与社会互动的机会。这些活动可以包括参观考察、社区调研、企业实习等，让学生亲身体验社会生活和职业实践，加深对社会的认识和理解。通过参与社会实践，学生能够感受到社会的多样性和复杂性，增强社会责任感和公民意识。

2. 社区服务与公益活动

高职院校德育教育注重培养学生的社区意识和参与精神。学生参与社区服务和公益活动，为社区提供帮助和支持，解决社区问题，促进社区的发展和进步。这些活动可以包括志愿者服务、社区调研、社会公益项目等，通过实际行动，学生能够体验到为他人服务的快乐和责任，培养社会关怀和社区意识。

3. 社会问题与挑战的认知与解决

高职院校德育教育引导学生认识和理解社会问题与挑战，并鼓励他们参与解决问题的过程。通过课堂讨论、案例分析和团队合作等方式，学生能够深入了解社会问题的背景和影响，从多个角度思考问题，并提出解决方案。学生在与他人合作解决社会问题的过程中，不仅能够提高解决问题的能力，还能增强社会责任感和团队合作精神。

4. 社会关系与职业网络的建立

高职院校德育教育注重培养学生的社会关系和职业网络的建立。教育者鼓励学生与社会各界建立积极的互动和联系，促进学生与企业、行业、社会组织等的合作与交流。学生可以参加行业协会、职业培训项目和实习机会，与专业人士和业界人士建立联系，了解行业动态和职业发展机会。这种社会关系的建立有助于学生将德育教育中培养的社会责任感与实际职业发展相结合，更好地投身于社会实践和职业领域。

通过高职院校德育教育的社会关联性，学生能够培养社会责任感、公民意识和参与精神。他们不仅能够理解社会问题和挑战，还能够主动参与解决问题的过程，为社会的发展和进步做出贡献。同时，学生通过与社会的互动和合作，建立起丰富的社会关系和职业网络，为将来的职业发展打下坚实的基础。

高职院校应重视社会关联性的德育教育特点，为学生提供广泛的社会实践机会和参与平台。学校可以与企业、社区和社会组织建立合作关系，开展实践项目和社区服务活动，让学生能够真实地感受社会的需求和问题，并积极参与解决。同时，学校可以引入职业导师和行业专家，为学生提供指导，帮助他们理解职业伦理和职业发展的重要性，构建职业网络。通过与社会的密切关联，高职院校能够更好地培养具有社会责任感和职业素养的优秀职业人才。

（四）综合素质培养

高职院校德育教育旨在培养学生的综合素质，包括道德品质、职业素养、创新能力、沟通能力、团队合作能力等方面。通过德育教育，学生不仅能够具备良好的道德修养，还能够全面发展自身，提升自身竞争力。高职院校德育教育综合素质培养具有以下几个特点。

1. 道德品质的培养

德育教育注重培养学生的道德品质，如诚信、正直、尊重、责任感等。通过道德教育的引导和实践活动的参与，学生能够树立正确的道德观念和价值观，形成良好的道德品质。他们将道德准则应用于实际生活和职业实践中，展现出高尚的道德行为和职业操守。

2. 职业素养的培养

高职院校德育教育注重培养学生的职业素养。这包括职业操守、职业道德、职业形象和职业态度等方面。通过职业规范的引导和职业实践的训练，学生能够掌握专业知识和技能，培养自己的职业自觉性和专业精神。他们具备良好的职业素养，能够在职业生涯中表现出色，适应职业发展的要求。

3. 创新能力的培养

高职院校德育教育注重培养学生的创新能力。通过创新教育的引导和创新实践的培养，学生能够培养独立思考、问题解决和创新创造的能力。他们具备探索和创新的精神，能够在工作中提出新的思路和解决方案，推动职业发展和行业创新。

4. 沟通能力和团队合作能力的培养

高职院校德育教育注重培养学生的沟通能力和团队合作能力。通过课堂讨论、团队项目和实践活动，学生能够提高自己的沟通能力和团队合作能力。他们学会有效地表达和传达自己的想法，善于倾听和理解他人，能够与团队成员协作，共同完成任务和解决问题。这种沟通能力和团队合作能力的培养使学生能够与他人建立良好的工作关系，有效地与团队合作，实现共同的目标。

5. 终身学习与发展能力的培养

高职院校德育教育注重培养学生的终身学习与发展能力。德育教育鼓励学生保持学习的热情和持续进步的意识。通过提供学习资源、培养学习方法和习惯，学生能够不断更新自己的知识和技能，适应职业发展和社会变革的需求。他们具备自主学习和自我发展的能力，能够持续提升自己的综合素质和竞争力。

通过综合素质培养，高职院校德育教育能够培养学生全面发展的能力和素质。学生不仅具备良好的道德品质和职业素养，还具备创新能力、沟通能力和团队合作能力等。这使得他们能够在职业领域中具备竞争力，并能够适应社会的发展和变化。

二、高职院校德育教育的目标

（一）培养学生的道德品质和职业道德

德育教育旨在培养学生正确的道德观念、价值观和行为准则，使其具备良好的道德修养和职业操守。学生能够遵循职业道德规范，具备良好的职业素养，能够在职业领域中展现出良好的道德品质和职业行为。

1. 培养正确的道德观念和价值观

高职院校德育教育注重引导学生树立正确的道德观念和价值观。通过道德教育课程、讨论和案例分析等方式，学生能够认识到道德的重要性和影响力，理解道德规范对个人、职业和社会的意义。他们将学习到的道德准则运用到实际生活和职业实践中，形成正确的行为准则和职业道德。

2. 培养良好的道德修养和职业操守

德育教育致力于培养学生的道德修养和职业操守。学生将通过课堂教育、实践活动和社会实践等途径，了解职业道德的内涵和要求。他们将学会遵守职业道德规范，具备职业操守和职业责任，能够面对职业道德困境时做出正确的决策和行为选择。同时，他们将树立起自我监督的意识,自觉约束自己的行为,维护职业的声誉和形象。

3.提升职业素养和综合能力

高职院校德育教育还注重培养学生的职业素养和综合能力。学生将通过专业教育和实践训练,掌握专业知识和技能,并将其应用于实际工作中。他们将学习职业技能的同时,注重培养自身的职业操守、职业形象和职业态度,具备良好的职业素养。此外,高职院校德育教育也注重培养学生的综合能力,包括沟通能力、团队合作能力、问题解决能力等。学生将通过团队项目、实践活动和实习经历等方式,培养自己的综合能力。他们将学会有效的沟通和协调,能够与他人合作解决问题,具备自主学习和持续发展的能力。这些综合能力的培养有助于学生在职业发展中展现出色的职业道德和行为。

高职院校德育教育致力于培养学生的道德品质和职业道德,这对学生的个人成长和职业发展都具有重要意义。培养学生正确的道德观念和价值观,能够塑造他们的道德品质,使他们在职业生涯中能够坚守道德底线,保持职业操守。同时,提升学生的职业素养和综合能力,使他们能够胜任工作职责,为社会和行业做出贡献。

为了实现这一目标,高职院校应采取一系列的教育措施。首先,学校应将德育教育纳入课程体系,开设相关的道德教育和职业道德课程,通过案例分析、角色扮演和讨论等方式,引导学生深入思考和讨论道德问题,并通过实践活动培养学生的道德行为和职业操守。其次,学校应注重学生的实践能力培养,通过实习实训、社会实践等方式,让学生接触真实的职业环境和社会问题,提升他们的职业道德意识和实践能力。同时,学校应建立健全的评估和监督机制,对学生的道德品质和职业道德进行评价,及时发现和纠正问题,促进学生全面发展。

(二)塑造学生的人格特质和行为习惯

高职院校德育教育旨在培养学生积极向上的人格特质和行为习惯。通过德育教育,学生可以培养诚实守信、友善互助、团队合作、正直勇敢等品质,形成积极健康的人格特质和行为习惯。

1.培养诚实守信的品质

德育教育注重培养学生诚实守信的品质。通过课堂教育、校园活动和社会实践等途径,学生将了解诚实守信的重要性和影响,明白诚信行为对个人、社会和职业的意义。他们将学会诚实地表达自己的想法,信守承诺,坚守道德底线,树立起诚实守信的行为习惯。

2.培养友善互助的品质

高职院校德育教育注重培养学生友善互助的品质。通过校园文化建设、社区服务和团队合作等活动,学生将学会关心他人、乐于助人,形成友善互助的行为习惯。他们将理解合作的重要性,善于与他人沟通和协作,培养良好的人际关系,为他人提供支持和帮助。

3.培养团队合作的能力

德育教育注重培养学生的团队合作能力。通过团队项目、实践活动和实习经历等方式，学生将学会与他人协作，共同完成任务和解决问题。他们将学习倾听他人意见、有效沟通和协调冲突的技巧，培养团队合作的习惯。这样的能力和习惯将在他们职业生涯中发挥重要作用，帮助他们适应职场环境并取得成功。

4.培养正直勇敢的品质

高职院校德育教育还注重培养学生的正直勇敢的品质。学生将通过课程教育和实践活动，学习正直的道德准则和勇敢面对困难的精神。他们将明确自己的价值观，并坚守正义和道义，勇于表达和捍卫自己的观点。这样的品质将使他们成为有责任感和勇气的个体，能够面对挑战并勇于承担责任。

通过高职院校德育教育的努力，学生将形成积极向上的人格特质和行为习惯。他们将具备诚实守信、友善互助、团队合作、正直勇敢等品质，以及良好的行为习惯。这样的特质和习惯将在他们的个人生活和职业发展中发挥重要作用。

（三）培养学生的社会责任感和公民意识

德育教育注重培养学生的社会责任感和公民意识。学生能够认识到自己在社会中的角色和责任，积极参与社会实践、社区服务等活动，为社会发展和进步做出贡献。

首先，高职院校德育教育致力于培养学生的诚实守信品质。学生将学会诚实面对自己和他人，不撒谎、不作弊，坚守诚信原则。通过课堂教育、校园文化建设和社会实践等途径，学生将认识到诚实守信的重要性，理解诚信行为对个人、社会和职业的意义。他们将树立起诚实守信的行为习惯，成为值得信赖的人。

其次，高职院校德育教育注重培养学生的友善互助品质。学生将学会关心他人、乐于助人，形成友善互助的行为习惯。通过校园文化建设、社区服务和团队合作等活动，学生将意识到友善互助的重要性，体验到与他人合作的价值。他们将学会倾听他人意见、理解他人需要，乐于给予帮助和支持，形成友善互助的品质和行为习惯。

再次，高职院校德育教育注重培养学生的团队合作品质。学生将学会与他人协作，共同完成任务和解决问题。通过团队项目、实践活动和实习经历等方式，学生将培养团队合作的能力和习惯。他们将学会与他人有效沟通、协调冲突，共同制定目标并追求卓越。这样的品质和习惯将在他们的职业生涯中发挥重要作用，使他们成为有团队精神和协作能力的人才。

最后，高职院校德育教育还注重培养学生的正直勇敢品质。学生将学会坚守道义、勇于表达和捍卫自己的观点。通过德育教育，学生将明确自己的价值观，并勇于坚持和表达。他们将学会秉持正直的原则，不随波逐流，勇于面对困难和挑战。他们将形成正直勇敢的行为习惯，敢于站出来维护正义，做出正确的选择。

（四）提升学生的综合素质和能力

高职院校德育教育旨在提升学生的综合素质和能力。除了道德品质和职业素养，学生还需要培养创新能力、沟通能力、团队合作能力等综合素质，以适应社会的变化和发展。

首先，高职院校德育教育注重培养学生的创新能力。创新能力是学生在实践和解决问题过程中表现出来的创造性思维和能动性。德育教育通过培养学生的创新意识、创新思维和实践能力，激发他们的创造潜能。学生将学会独立思考、勇于尝试新思路和方法，以及面对挑战时寻找创新解决方案。通过课程设计、创新实践项目和科研活动等方式，学生将培养出具备创新精神和实践能力的综合素质。

其次，高职院校德育教育注重培养学生的沟通能力。沟通能力是学生在与他人交流、表达观点和解决问题时所需的技巧和能力。德育教育通过课堂讨论、演讲比赛、团队项目等活动，培养学生的口头和书面沟通能力。学生将学会有效地表达自己的思想和观点，善于倾听和理解他人，以及运用适当的沟通技巧进行交流。通过培养学生的沟通能力，他们将能够更好地与他人合作、解决问题和表达自己。

最后，高职院校德育教育注重培养学生的团队合作能力。团队合作能力是学生在团队环境中与他人合作、协调和共同完成任务的能力。德育教育通过团队项目、实践活动和实习经历等方式，培养学生的团队意识和协作能力。学生将学会在团队中担任不同的角色，有效地与他人协作，共同制定目标、分工合作并取得成果。通过团队合作，学生将培养出良好的协作精神、组织能力和团队合作的行为习惯。

此外，高职院校德育教育还注重培养学生的综合素质和能力，包括问题解决能力、判断力、领导能力、适应能力等。德育教育通过实践活动、案例分析和角色扮演等方式，让学生面对实际问题并寻求解决方案，培养他们的问题解决能力和判断力。学生将学会分析问题、收集信息、制定方案，并能够做出明智的决策。同时，德育教育还注重培养学生的领导能力和适应能力，使他们能够在不同情境下发挥领导作用和适应环境的能力。

（五）培养学生的自我发展和职业发展能力

德育教育旨在培养学生的自我发展能力和职业发展能力。学生能够积极主动地制定职业规划和个人发展目标，具备自我管理、自我激励、职业规划等能力，实现个人价值和职业成功。

首先，高职院校德育教育注重培养学生的自我管理能力。学生将学会对自己的时间、学习和行为进行有效管理。通过德育教育，学生将认识到自我管理的重要性，学会确定目标、制订计划并有效执行。他们将培养出良好的时间管理能力，学会合理安排时间，平衡学习、工作和生活的各个方面。此外，学生还将学会管理自己的学习进度和学习方法，发展自主学习能力。

其次，高职院校德育教育注重培养学生的自我激励能力。学生将学会积极调动内在动力，保持对学习和职业发展的热情和动力。通过德育教育，学生将了解到个人动力的重要性，学会设定挑战性的目标，并努力追求和实现这些目标。他们将培养出坚韧不拔、勇于面对困难和挫折的意志品质，以及积极乐观的心态。这些能力将使他们在职业生涯中保持持续的学习和成长。

最后，高职院校德育教育注重培养学生的职业规划能力。学生将学会对自己的职业目标进行规划和管理。通过德育教育，学生将认识到职业规划的重要性，了解自己的兴趣、能力和价值观,并将其与职业发展目标相匹配。他们将学会制定职业规划,并采取相应的行动来实现这些目标。他们将积极寻找职业发展机会,参与实习、培训和职业咨询等活动,不断提升自己的职业技能和专业知识。

通过德育教育的努力,高职院校将培养学生的自我发展能力和职业发展能力,使他们能够积极主动地制定职业规划和个人发展目标,具备自我管理、自我激励和职业规划等能力,实现个人的价值和职业的成功。

总体而言,高职院校德育教育的目标是培养具有良好道德品质和职业素养的高素质人才,使他们在职业生涯中能够具备正确的道德观念、职业操守和综合素质,能够适应社会的发展和变化,为社会的繁荣和进步做出积极的贡献。

第三节 当代德育教育理论和模型

当代德育教育理论和模型涵盖了多个学派和理论,旨在指导和支持德育教育的实践。

一、人本主义教育理论

人本主义教育理论强调尊重个体的尊严和价值,关注学生的整体发展和自我实现。该理论认为,德育教育应以学生为中心,培养其个性发展、情感智慧和道德品质。人本主义教育理论强调教师和学生之间的关系,倡导积极且充满关怀和支持的教育环境。

首先,人本主义教育理论强调教育应以学生为中心。在高职院校的德育教育中,学生是教育的主体,他们的个体差异、需求和成长发展应受到充分的重视和尊重。教师应以学生的个体差异为基础,设计个性化的教育方案,关注每个学生的需求和潜能,并提供支持和引导。教师还应积极倾听学生的声音,尊重学生的意见和想法,建立起师生之间的积极互动和信任关系。

其次,人本主义教育理论注重培养学生的个性发展。个性发展是人本主义教育的核心目标之一。在高职院校的德育教育中,学生的个性差异应得到充分的重视和培养。教师应关注学生的兴趣、特长和潜能,提供多样化的学习机会和活动,激发学生的创造力和想象力。学生应被鼓励表达自己的观点和想法,发展自己的独立思考和批判思维能力。这种个性化的教育方式有助于学生发展自信心和积极性,实现个人潜能的最大化。

最后,人本主义教育理论强调关注学生的情感智慧。情感智慧是指学生在情感和情绪方面的发展,包括情绪管理、情感表达和人际关系的建立。在高职院校的德育教育中,学生的情感智慧是实现个人全面发展和健康成长的重要组成。人本主义教育理论强调培养学生的情感智慧,使其能够有效地管理自己的情绪,理解他人的情感,并建立良好的人际关系。教师在德育教育中应注重培养学生的情感表达能力,鼓励他们积极参与情感交流和合作活动。同时,教师还应提供支持和指导,帮助学生解决情感问题和建立健康的人际关系。通过培养学生的情感智慧,他们能够更好地应对挫折和压力,增强内在的幸福感和生活满意度。

最后，人本主义教育理论强调培养学生的道德品质。道德品质是人本主义教育的核心内容之一。在高职院校的德育教育中，学生的道德发展和道德品质的培养是至关重要的。教师应引导学生认识和尊重道德价值观，培养学生的道德意识和道德判断能力。通过课堂教学、案例分析和实践活动，学生可以学习并应用道德准则和行为规范。教师还应激发学生对道德问题的思考和讨论，鼓励他们在实际生活中做出积极的道德选择和行为。通过培养学生的道德品质，他们能够成为具有责任感和正义感的公民，为社会的进步和发展做出贡献。

人本主义教育理论在高职院校的德育教育中具有重要的指导作用。教师可以以学生为中心，注重培养学生的个性发展、情感智慧和道德品质。通过创造积极、关怀和支持的教育环境，学生能够完成自我实现、情感发展和道德成长。人本主义教育理论为高职院校提供了一个有价值的参考框架，促进学生全面发展和终身学习的追求。

二、社会认知理论

社会认知理论强调学习是社会互动和经验的产物，人的认知和行为是在社会环境中形成和发展的。在德育教育中，社会认知理论提倡学生通过观察、模仿和与他人互动来学习道德价值观和行为准则。该理论强调学生的社会角色和责任感的培养，通过社会交往和合作学习来提升学生的道德素养。

首先，社会认知理论强调学生通过观察和模仿来学习道德价值观和行为准则。学生在社会环境中观察他人的行为和态度，并通过模仿来获取道德知识和行为模式。这种观察和模仿的过程有助于学生理解和内化道德价值观，并将其应用于实际生活中。教师在德育教育中扮演着重要的角色，他们应该树立良好的道德榜样，以身作则，通过自己的行为和态度影响学生的道德发展。

其次，社会认知理论强调社会交往和合作学习对于道德素养的培养至关重要。学生通过与他人的互动和合作，共同探讨道德问题、解决道德困惑，并形成自己的道德判断和行为准则。合作学习可以促进学生之间的相互理解和尊重，培养他们的合作精神和团队意识。教师可以设计具有合作性质的学习活动，鼓励学生在小组中进行讨论、分享意见和解决问题，从而培养学生的道德判断力和合作能力。

最后，社会认知理论强调学生的社会角色和责任感的培养。学生在社会中扮演着各种角色，如家庭成员、同学、公民等，每个角色都伴随着一定的责任和义务。德育教育应该帮助学生认识到自己在社会中的角色和责任，并培养他们的社会责任感。教师可以通过案例分析、角色扮演和社会实践活动等方式，引导学生思考和探索社会责任问题，从而促进他们的道德发展和责任意识。

社会认知理论在德育教育中具有重要的意义。它强调学习的社会性和互动性，将社会环境视为学习的重要背景和影响因素。通过观察和模仿他人的道德行为，学生能够获得道德知识和行为准则,并逐渐将其应用于自己的生活中。同时,社会认知理论认为社会交往和合作学习对于道德素养的培养至关重要,学生通过与他人的互动和合作共同探讨和解决道德问题,从中获取经验和知识。此外,社会认知理论还注重培养学生的社会角色和责任感,使他们认识到自己在社会中的角色和责任,并激发他们的社会责任意识。

三、反思性实践理论

反思性实践理论认为,德育教育应促使学生在行动中反思和思考,将经验转化为知识和价值观。该理论强调学生的主动参与和批判性思维,通过个人和集体反思,培养学生的道德判断力和自我意识。反思性实践理论强调实践和理论的结合,通过经验的反思和整理来提升学生的德育效果。

首先,反思性实践理论强调学生的主动参与和批判性思维。德育教育应鼓励学生主动参与各种实践活动,并通过实践中的经验和情境,引发学生的思考和反思。学生通过思考自己的行为和经验,审视自己的价值观和行为准则,并不断调整和提升自己的道德认知和道德判断力。教师在德育教育中应提供引导和支持,激发学生的批判性思维,引导他们提出问题、探索答案,并通过反思和讨论来加深对道德问题的理解。

其次,反思性实践理论强调实践和理论的结合。德育教育不仅仅是理论知识的传授,更需要将理论知识与实践经验相结合。学生在实践中积累经验,通过反思和整理,将实践经验转化为知识和价值观。教师可以设计具有情境和实践性质的学习任务,让学生亲身体验和参与,通过实践中的反思和讨论,提升学生的道德认知和情感智慧。通过实践和反思的结合,学生能够更加深入地理解道德问题的本质,增强道德判断力和自我意识。

最后,反思性实践理论强调个人和集体的反思。个人反思是学生对自己的行为和价值观进行个体性思考的过程。学生通过对自己的行为和价值观进行反思,不断调整和提升自己的道德认知和行为准则。同时,集体反思是学生与他人共同讨论和反思道德问题的过程。学生通过与他人的互动和合作,共同思考和探索道德问题,并通过集体反思来加深对道德问题的理解和认识。集体反思可以促进学生之间的相互学习和交流,拓宽他们的视野,培养他们的团队合作和社会责任感。

在高职院校的德育教育实践中,反思性实践理论可以得到广泛应用。教师可以通过设计情境化的学习任务,让学生参与实际问题的解决和决策过程,并引导他们对行动和结果进行反思和评估。教师还可以组织小组讨论、案例分析和角色扮演等活动,鼓励学生主动参与反思和讨论,共同探索道德问题的解决方案。同时,教师应提供适当的反馈和指导,引导学生思考和反思自己的道德行为,并帮助他们将反思转化为行动和改变。

四、道德发展阶段理论

道德发展阶段理论是当代德育教育中的一种重要理论和模型,由美国心理学家科尔伯格提出。该理论认为,个体在道德发展的过程中会经历不同的阶段,从对外部规则的顺从逐渐转向内化道德原则和价值观。道德发展阶段理论提供了对个体道德认知和道德行为发展的深入理解，为德育教育的实践提供了指导和参考。

根据科尔伯格的道德发展阶段理论，道德发展可以分为前传统阶段、传统阶段和后传统阶段。

在前传统阶段，个体的道德认知主要基于外部规则和权威的命令。个体在这一阶段会遵守规则，但往往是出于避免惩罚或寻求奖励的动机。个体的道德观念还没有形成独立的原则，缺乏自主性和批判性思维。

在传统阶段，个体开始关注社会秩序和他人的期望。他们会将道德准则视为社会共同约定的规范，遵守社会规则和伦理准则。个体在这一阶段会根据社会的期望和他人的意见来判断和决策，追求他人的认可和社会的赞许。

在后传统阶段，个体开始发展出自己的道德原则和价值观，并逐渐形成独立思考和批判性思维的能力。个体开始关注道德的普遍原则和伦理价值，他们将道德准则视为内在的义务和责任，并为了保护公正、人权和尊严而行动。

在高职院校的德育教育实践中，道德发展阶段理论为教师提供了指导和参考。教师可以通过了解学生所处的道德发展阶段，针对不同阶段的特点和需求，采取相应的教育策略和方法，促进学生的道德发展。

对于处于前传统阶段的学生，教师可以设定明确的规则和奖惩机制，帮助他们理解道德行为的重要性和影响。教师可以提供具体的案例和情境，引导学生思考和讨论道德问题，培养他们的道德敏感性和自我意识。

对于处于传统阶段的学生，教师可以鼓励他们参与讨论和辩论，引导他们思考道德问题的多样性和复杂性。教师可以提供不同的观点和价值观，帮助学生理解不同社会群体的道德观念，并激发他们对道德问题的批判性思维。

对于处于后传统阶段的学生，教师可以提供更加开放和具有探索性的学习环境。教师可以鼓励学生自主选择研究主题和展开项目，引导他们运用道德原则和伦理价值来分析和解决问题。教师还可以组织学生参与社会实践和志愿者活动，让他们在实际情境中运用自己的道德判断和行为准则。

此外，教师在德育教育中应注重个体差异和发展需求。不同学生在道德发展上可能存在差异，教师应根据学生的个体差异，采取个性化的教育行为，帮助他们在道德认知和行为上不断进步和成长。

五、全人教育模型

全人教育模型是当代德育教育中的一种重要理论和模型，它强调学生全面发展的重要性。该模型认为，德育教育应关注学生的身体、智力、情感、社交等各个方面，旨在培养学生综合素质和能力的全面提升。全人教育模型提倡学校提供多样化的学习机会和活动，使学生在各个方面得到平衡和发展。

在全人教育模型中，身体健康是学生全面发展的基础。学校应关注学生的身体锻炼和健康管理，提供良好的体育课程和运动设施，鼓励学生积极参与体育运动，培养健康的生活方式和良好的体态。

智力发展是全人教育模型中的重要组成部分。学校应注重学生的学术能力培养，提供丰富多样的学习机会和挑战，激发学生的学习兴趣和创造力。教师应采用启发式教学方法，培养学生的批判性思维和问题解决能力，使他们具备终身学习的能力。

情感智慧的培养是全人教育模型的核心内容。学校应注重学生的情感发展，培养他们的自我意识、情绪管理和人际关系能力。教师应建立充满支持和关怀的教育环境，鼓励学生表达自己的情感和观点，培养他们的同理心和责任感。

社交能力的培养是全人教育模型的重要目标。学校应提供各种社交机会和活动，培养学生的合作精神、团队合作和领导能力。教师应组织团队项目和社区服务活动，鼓励学生参与公益事务，培养他们的社会责任感和公民意识。

全人教育模型的实践要求学校在课程设置、教学方法和学校文化上都充分考虑学生全面发展的需求。学校应设计综合课程，注重学科知识的整合和跨学科的学习。教师应采用多元化的教学策略，关注学生的个体差异，鼓励他们的自主学习和创新思维。

此外，全人教育模型还强调学校和家庭、社区之间的合作与互动。学校应与家长和社区建立紧密的合作关系，共同关注学生的全面发展和需求。家长和社区成员可以参与学校活动，为学生提供支持和激励，形成共同育人的良好氛围。

在全人教育模型的指导下，德育教育应当贯穿于学校的方方面面。学校可以通过课堂教学、学生社团、校园文化活动等多种途径来实施德育教育。教师应发挥示范和引导作用，以身作则，成为学生道德品质和全面发展的榜样。学校还可以组织道德教育讲座、讨论会等活动，提供学生交流和思考的平台，促进他们的道德成长。

总而言之，全人教育模型强调学生全面发展的重要性，将德育教育置于学生综合素质培养的核心位置。通过关注学生的身体健康、智力发展、情感智慧和社交能力，学校能够培养具有全面素质和积极进取精神的学生。全人教育模型要求学校在课程设置、教学方法、校园文化等方面做出调整和改进，以满足学生全面发展的需求，并与家庭和社区形成紧密的合作关系，共同育人。通过全人教育模型的实施，学校可以为学生提供全面的教育体验，为他们未来的成功和幸福奠定坚实的基础。

六、人格教育模型

人格教育模型着重培养学生的人格品质和道德价值观。该模型强调通过塑造学生的人格特质，如诚实、正直、友善、宽容等，培养他们正确的道德判断和行为习惯。在德育教育中，人格教育模型注重学生的情感和品德发展，通过角色建构、情感培养和价值觉知等方式，促进学生的人格形成和道德行为的培养。

人格教育模型是当代德育教育中的一种重要理论和模型，它致力于培养学生的人格品质和道德价值观。该模型认为，人格的形成是一个长期而持续的过程，需要通过教育来培养塑造。在德育教育中，人格教育模型注重学生的情感和品德发展，通过角色建构、情感培养和价值觉知等方式，促进学生的人格形成和道德行为的培养。

在人格教育模型中，角色建构是一种重要的教育策略。学校和教师可以通过角色扮演、案例分析和还原真实情境等方式，让学生在虚拟的场景中扮演不同的角色，体验不同的道德抉择和后果，从而培养学生的道德判断力和行为准则。通过角色建构，学生可以深入理解道德问题的复杂性，培养对他人的关怀和尊重，形成正确的道德决策和行为习惯。

情感培养是人格教育模型的另一个重要方面。学校应创造支持性和关怀的教育环境，为学生提供安全、温暖和亲密的人际关系。教师应成为学生情感发展的引导者和榜样，注重情感表达和情绪管理的教育。通过情感培养，学生可以发展积极的情感态度，培养同理心和关爱他人的情感素质。

价值觉知是人格教育模型的核心要素之一。学校应注重培养学生对道德价值观的认知和理解，让他们意识到道德选择的重要性和影响。教师可以通过道德讨论、伦理研究和价值观的引导，帮助学生形成正确的道德信念和价值导向。通过价值觉知的培养，学生能够明确自己的道德准则和信念，从而指导他们的行为和决策。

此外，人格教育模型还强调德育教育的整体性和综合性。学校应将人格教育融入各个学科和课程中，使学生在学习过程中得到全面的人格培养。教师可以通过相关的教学活动和课程设计，引导学生将学习与人格发展相结合。例如，可以在语言课程中引导学生讨论道德故事和伦理问题，激发他们的思考和道德意识；在科学课程中探索科学伦理和科学道德，培养学生的科学精神和责任意识；在艺术课程中培养学生的审美情操和情感表达能力，引导他们通过艺术作品传递正面的价值观。

人格教育模型还强调教师的角色和影响力。教师应成为学生道德发展的引导者和榜样，注重个人品质和道德行为的培养。教师应具备专业的道德素养和教育理念，注重自我反思和成长，不断提升自己的道德觉知和道德教育能力。

最后，人格教育模型还强调家庭和社区的作用。家庭是孩子最早接触到的社会环境，家长应注重家庭教育，与学校形成良好的协作关系，共同关注孩子的人格发展和道德教育。社区也是学生社会化的重要场所，学校应与社区合作，共同营造符合道德价值观的社会氛围，提供丰富的社区资源和实践机会，促进学生的社会责任感和公民意识的培养。

七、服务学习模型

服务学习模型是当代德育教育中的一种重要理论和模型，它将学习和社会服务结合起来，通过参与社区服务和志愿者活动，使学生实践道德价值观和社会责任感。该模型认为，学生通过服务他人和社区，培养关爱他人、乐于奉献和团队合作的品质。服务学习模型强调学生的实践体验和社会实践，通过参与实际项目和活动，让学生在实践中理解和应用道德准则。

服务学习模型强调学生的参与和互动。学生通过参与社区服务和志愿者活动，亲身体验社会问题和需求，从而增强对他人困境的关注和理解。他们在实践中与不同背景的人交流和合作，培养跨文化交流和团队合作的能力。同时，服务学习模型注重学生的主动性和自主性，鼓励他们主动寻找服务机会、制订服务计划，并在实践中反思和调整自己的行动。

在服务学习模型中，社区合作是关键要素之一。学校与社区组织和机构合作，共同设计和实施服务项目，确保学生的服务活动与社区的实际需求相结合。通过与社区的合作，学生能够更好地了解社会问题和挑战，从而形成对社会的责任感和使命感。

此外，服务学习模型注重学生的反思和学习成果的评估。学生在参与服务活动后，应进行反思和总结，思考自己的成长和学习经历。教师可以引导学生进行反思性的讨论和写作，帮助他们深化对道德价值观的理解和应用。同时，学校应建立有效的评估机制，评估学生的学习成果和社区服务的效果，以不断改进和提升服务学习的质量。

服务学习模型的实施对于学生的德育教育具有积极的影响。首先，通过参与社区服务和志愿者活动，学生能够深入了解社会问题和需求，培养其友爱和奉献的精神，增强他们的社会责任感和公民意识。其次，服务学习模型强调学生的实践体验和反思，使他们能够将道德准则和价值观应用到实际情境中，提升道德判断和决策能力。通过实践中的团队合作和跨文化交流，学生培养了解决问题和决策的能力，学会在复杂的社会环境中进行价值判断和行为选择。此外，服务学习模型强调学生的自主性和主动性，激发了他们的内在动机和学习兴趣，促进了个人的成长和发展。

服务学习模型还可以培养学生的沟通能力和人际关系技巧。在参与社区服务和志愿者活动中，学生需要与不同的人群进行交流和合作，包括社区居民、志愿者伙伴、社区领导等。通过与他人的互动，学生提升了沟通技巧、人际关系处理能力和团队合作精神，为将来的职业发展和社会互动打下了坚实基础。

在实施服务学习模型时，学校需要建立良好的组织和管理机制。包括与社区合作伙伴建立合作关系，共同制订服务项目和活动计划，确保服务的有效性和可持续性；确定明确的学习目标和评估标准，对学生的学习成果和服务质量进行评估和反馈；提供必要的培训和指导，帮助学生提升参与社区服务的能力和意识。

服务学习模型通过将学习与社会服务结合，使学生在实际生活中践行道德价值观和社会责任感。该模型强调学生的参与、互动和反思，培养了他们的友爱、奉献精神和团队合作能力。实施服务学习模型需要学校与社区合作，建立有效的组织和管理机制，并关注学生的学习成果和服务质量的评估。通过服务学习模型的实施，学校可以培养出具有良好道德价值观和社会责任感的学生，为他们的综合发展和未来的成功奠定坚实基础。

这些当代德育教育理论和模型提供了理论基础和指导原则，帮助高职院校设计和实施有效的德育教育方案。学校可以根据自身的教育理念和特点，选择合适的理论和模型，并结合实际情况进行创新和改进。通过全面理解和应用当代德育教育理论和模型，高职院校能够更好地促进学生的道德发展和全面素质的培养。

第三章 高职院校德育教学的现状分析

第一节 高职院校德育教学的发展历程

一、高职院校德育教学的发展历程分析

随着中国经济的快速发展和社会需求的变化,高职院校作为培养高素质技术技能人才的重要渠道,逐渐成为教育体系中不可或缺的一部分。德育教育在高职院校的发展历程中也逐渐受到重视和关注。

(一)第一阶段:注重技能培养

在高职院校的早期发展阶段,学校的主要目标是培养学生的职业技能,以满足社会对技术人才的迫切需求。因此,在教学中,学校注重向学生传授专业知识和实践技能,使他们能够胜任特定职业领域的工作。在这一阶段,德育教育并不是教学的核心内容,而是被视为一种附属的教育活动。

德育教育在早期阶段往往以间接的方式存在。学校可能会组织一些道德教育的活动,如举办道德讲座、组织社会实践等,但这些活动往往是零散的,缺乏系统性和深入性。教师在课堂上也可能会提及一些道德观念和价值导向,但往往仅限于简单的传授,缺乏深入的探讨和引导。

由于职业技能的培养是高职院校的首要任务,学校需要确保学生具备足够的专业能力来适应职业发展的需求。因此,在教学过程中,将更多的关注点放在专业知识和实践技能的传授上,以确保学生具备所需的技术和技能水平。

然而,随着社会的不断变化和教育理念的演进,人们逐渐意识到仅仅培养职业技能并不足以满足全面发展的需求。学生不仅需要具备专业知识和实践能力,还应具备良好的道德素养和价值观念。因此,随着教育理念的转变和社会对人才要求的提高,高职院校开始重视德育教育,并将其纳入教学计划中,逐渐进入了下一个发展阶段。

(二)第二阶段:加强道德教育

在高职院校的第二阶段,随着社会发展和教育理念的转变,高职院校开始认识到仅注重技能培养不能满足人才需求的全面性。因此,学校开始加强德育教育,将道德教育纳入教学计划中,并将其作为学生考核的重要组成部分。这一阶段的发展可以被看作对德育教

育的全面关注和强化。

在这一阶段，高职院校的德育教育注重培养学生的职业道德、职业素养和职业操守。学校意识到，只有具备良好的道德品质和职业行为的学生才能在职业生涯中取得成功，并对社会做出积极贡献。因此，教育机构将德育教育融入教学过程中，并设计相应的课程和活动，以促进学生道德意识和职业道德的培养。

在教学实践中，高职院校采取多种途径和方法来加强道德教育。首先，学校注重教师的示范作用和榜样力量。教师应具备良好的道德品质和职业操守，并通过自身行为影响学生。其次，学校开设相关的道德教育课程，例如，职业道德课程、职业伦理课程等，使学生了解和掌握正确的道德准则和职业行为规范。此外，学校还鼓励学生参与社会实践和志愿者活动，通过亲身经历和实践来感受社会的需要和个人的责任。

在评估方面，高职院校建立了相应的考核体系，将道德教育纳入学生的综合评价中。学生的道德素养和职业行为被视为评价学生综合能力的重要指标之一。这种评估机制鼓励学生在学习和职业实践中展现出良好的道德品质和职业行为，促使他们在职业道德方面有所成长和进步。

总体而言，高职院校在第二阶段加大了德育教育的力度，将道德教育纳入教学计划和评估体系，并注重培养学生的职业道德、职业素养和职业操守。这一阶段的发展目标是使学生具备良好的道德品质和职业行为，能够在职业生涯中遵循职业道德规范，展现出良好的职业素养和职业操守。

（三）第三阶段：整合综合素质教育

随着教育理念的进一步发展和高职教育的转型升级，高职院校开始重视培养学生的综合素质和能力。德育教育成为综合素质教育的重要组成部分。学校注重培养学生的创新能力、沟通能力、团队合作能力等综合素质，并将其与道德教育相结合。德育教育的目标逐渐从单一的道德培养扩展到全面发展学生的人格品质、职业素养和社会责任感等综合素质。

在第三阶段，高职院校的德育教育进一步发展，成为综合素质教育的重要组成部分。学校开始注重培养学生的综合素质和能力，包括创新能力、沟通能力、团队合作能力等，这些能力在现代社会中对职业成功至关重要。德育教育不再局限于道德培养，而是与其他素质教育相结合，共同促进学生全面发展。

在这一阶段，高职院校倡导培养学生的创新能力。学生通过参与创新项目、科技竞赛等活动，锻炼自己的创新思维和解决问题的能力。德育教育与创新能力培养相结合，注重培养学生的创新意识和创新精神，使其在职业领域中能够面对挑战并提出创新解决方案。

此外，高职院校注重培养学生的沟通能力。学生通过课堂演讲、团队合作项目、社交活动等，提升自己的口头和书面表达能力，培养与他人有效沟通的能力。德育教育在沟通能力培养中发挥作用，强调学生的倾听、理解和尊重他人的能力，培养学生的良好人际关系和合作精神。

团队合作能力也成为高职院校德育教育的重点。学生通过团队项目、实践活动等，学习团队合作的重要性，并锻炼协调、合作和领导能力。德育教育注重培养学生的团队意识、互助精神和团队合作能力，使他们能够在职业团队中有效地与他人合作，共同完成任务和取得成果。

这一阶段的德育教育目标不仅关注学生的道德品质和职业操守，更加注重学生的综合素质和能力的培养。学校通过多样化的教育活动和项目，为学生提供全面发展的机会，使他们在道德、学术、实践等方面得到平衡和提升。

（四）第四阶段：注重实践和社会实践

随着社会对高职院校毕业生的期望不断提高，学校开始注重将德育教育与实践相结合，注重培养学生的实践能力和社会实践经验。学校开展各种形式的实践活动，如社区服务、企业实习、实践项目等，让学生能够将道德观念与实际行动相结合。通过实践活动，学生可以更好地理解和应用道德准则，增强道德意识和培养道德行为。

学校开展各种形式的实践活动，如社区服务、企业实习、实践项目等。通过参与这些活动，学生能够亲身体验社会现实和问题，面对各种情境和挑战。在实践中，他们需要运用自己的道德判断和决策能力，解决实际问题，同时理解社会的需求和责任。

德育教育与实践相结合，帮助学生将道德观念转化为实际行动。通过实践活动的反思和总结，学生能够不断审视自己的价值观和行为准则，进一步完善和发展自己的道德素养。他们在实践中面对的挑战和困难也成为培养他们品格和意志力的机会。

高职院校通过注重实践和社会实践，使德育教育更加贴近学生的实际需求和职业发展。学生通过参与实践活动，能够更好地理解自己的职业角色和社会责任，培养职业道德和职业素养。同时，他们也能够在实践中发展自己的实践能力和解决问题的能力，为未来的职业发展打下坚实的基础。

第四阶段的高职院校德育教育注重将实践和社会实践纳入教学过程。通过实践活动，学生能够将道德观念与实际行动相结合，增强道德意识和道德行为的培养。同时，他们也能够在实践中发展自己的实践能力和解决问题的能力，为未来的职业发展奠定基础。

（五）第五阶段：培养创新创业能力

随着创新创业的兴起和经济转型的需求，高职院校开始注重培养学生的创新创业能力，并将其纳入德育教育的内容中。学校提供创新创业教育课程和实践项目，培养学生的创新思维、创业意识和创业能力。德育教育与创新创业教育相结合，培养学生的职业创新精神和创业精神，使他们能够在职业领域中具备创造力和创新能力。

一方面，学校开设创新创业教育课程，为学生提供创新思维和创业意识的培养。这些课程旨在激发学生的创新潜力，培养他们的问题解决能力、团队合作能力和决策能力。学生通过学习创新方法、市场分析和商业计划等知识，了解创新创业的基本原理和实践技巧。

另一方面，学校鼓励学生参与创新创业实践项目。这些项目提供给学生实践的机会，让他们能在真实的商业环境中应用所学的知识和技能。学生通过创业项目、创意设计竞赛和技术创新比赛等活动，锻炼自己的创新能力和创业精神。他们学会将创新的想法转化为实际的产品或服务，并学习市场营销、资源整合和商业管理等创业技能。

德育教育在培养创新创业能力中发挥重要作用。学校强调学生的职业创新精神和创业精神，注重培养学生勇于冒险、敢于创新和适应变革的品质。德育教育通过引导学生的道德判断和职业操守，确保学生在创新和创业过程中能够坚持道德原则和社会责任。

第五阶段的德育教育旨在培养学生的创新创业能力，使他们具备创造力、创新思维和创业意识。学生通过创新创业教育课程和实践项目，掌握创新创业的基本理论和实践技能。他们培养解决问题、团队合作和决策能力，掌握市场营销、商业管理和资源整合等创业技能。同时，他们也通过德育教育的引导，树立正确的价值观和职业道德，坚持社会责任和可持续发展。

高职院校德育教学的发展历程经历了从注重技能培养到强化道德教育，再到整合综合素质教育和实践教育，以及注重创新创业能力培养的过程。随着社会的不断发展和教育理念的不断更新，高职院校德育教育在培养学生综合素质、道德品质和职业能力方面发挥着重要的作用。学校不断探索适应时代需求的德育教育模式，将其与专业教育相结合，为培养具有良好道德素养和职业能力的高素质人才做出贡献。

二、高职院校德育实施的总体情况

（一）德育教育的机构体系基本形成

高职院校初步形成了德育教育的机构体系，包括学校党组织、学院党支部、思想政治教师、辅导员、学生社团机构等多层次的德育教育体系。德育教育机构中的各部门各负其责，各司其职，发挥自己应有的作用，同时又相互沟通协调，共同致力于学生德育教育的稳步发展。

1.高职院校德育教育机构的构成

高职院校德育教育的机构一般包括德育部、学生工作部、心理健康教育中心、职业规划中心等。

德育部是负责高职院校德育教育的主管部门，主要负责德育课程设置、德育教育规划、德育教育实施、德育教育评估等工作。学生工作部则负责学生工作的统筹和管理，包括学生管理、生活服务、组织管理等。心理健康教育中心负责学生心理健康教育的开展，为学生提供心理健康咨询和辅导服务。职业规划中心则负责职业规划教育的实施，帮助学生制订职业规划和就业方案，提高学生的职业素养。

除此之外，还有一些高职院校建立了学生社团联合会、学生志愿者协会等组织，通过社团活动、志愿服务等途径，为学生提供更广泛的德育教育和职业素养培养的机会。

2.新时代高职院校德育教育机构形成的成效

随着社会发展和高职院校人才培养目标的不断升级，高职院校德育教育机构也在不断完善和发展。目前，新时代高职院校德育教育机构主要由以下几个部分构成。

（1）德育部门或机构的设立

越来越多的高职院校成立了德育部门或机构，负责学生思想政治教育、道德教育、职业规划教育等方面的工作，提供全方位的德育服务。

（2）教育实践中心的设立

高职院校越来越注重学生实践教学，为此，很多院校成立了教育实践中心，提供实践教学和社会实践等方面的支持和服务。

（3）德育工作组的成立

有些高职院校成立了德育工作组，由专门的德育教师担任组长，负责学生思想政治教育、道德教育等方面的工作。

（4）德育教师队伍的建设

随着德育工作的不断深入，高职院校开始注重德育教师队伍的建设，不断提高德育教师的专业水平和素质。

（5）学生工作机构的改革

一些高职院校对学生工作机构进行了改革，将思想政治工作和职业规划教育纳入学生工作的范畴，并加强学生工作机构与德育部门的协作。

新时代高职院校德育教育机构的形成现状比以往更加多元化、细致化，从多个方面来推动德育工作的开展和提升，为高职生的全面成长和发展提供了更好的保障和支持。

（二）学生德育教育的总体目标基本明确

高职院校明确了学生德育教育的总体目标：培养和提高学生的思想道德素质、政治素质、文化素质等综合素质，引导和帮助学生树立正确的世界观、人生观、价值观，培养学生成为"四有"的全面发展的人。

首先，引导和帮助学生树立正确的人生观，即使学生在未来面临各种职业选择和发展机遇时，能够更加理性、清晰地认知自己，以及对未来的发展有更明确的规划和目标。同时，正确的人生观还要求学生要具有健康积极的心态，在学习和生活中能够积极向上，坚定信念，勇于面对挑战和困难。

其次，引导和帮助学生树立正确的价值观，包括道德、文化、社会等多个层面。培养学生正确的道德观和行为规范，使其具备社会责任感和公民意识，尊重他人，关注社会公益事业。在文化层面，引导学生了解和尊重不同文化的多样性，培养国际化视野。在社会层面，引导学生了解社会现实，积极参与社会实践，为社会做出贡献。

最后，培养学生成为"四有"的全面发展的人，即具有坚定的信仰、道德高尚、智慧卓越、身体健康的人。学生需要有坚定的人生信仰和思想信仰，能够通过道德修养和行为规范塑造自己的品格和价值。同时，学生需要具备良好的智力素质和专业素养，能够在未来的职业生涯中获得成功。除此之外，学生还需要具备健康的体魄和习惯，保持良好的生活方式，从而更好地面对各种挑战和压力。

(三)德育实践活动取得了不少成绩

近年来,高职院校开展了许多与专业有关的德育实践活动,或者把德育内容融入专业实践活动之中,让学生在丰富多彩的活动中感受道德意识的沐浴。尤其是高职院校学生学习的最后一年是到企业实习,为教学开辟了第二课堂,注重理论和实际的结合,教材内容直接和社会生活结合,探索独特的教育方式和方法以提高学生德育教育的实效性。

1. 职业技能竞赛成果显著

高职院校积极开展职业技能竞赛,培养学生的实践能力和创新能力,同时提高了学生的职业素养和竞争力。各类职业技能竞赛涵盖了多个学科和专业,如机电、信息技术、汽车维修、厨艺等。在这些竞赛中,学生们展示出扎实的理论基础和优秀的实践能力,赢得了荣誉和奖励。

(1) 参赛人数逐年增加

高职院校开展职业技能竞赛已经成为常态化的活动,每年都会举办不同层次的比赛,吸引着越来越多的学生参加。据统计,近几年高职院校职业技能竞赛的参赛人数呈逐年上升的趋势。这充分说明学生对于职业技能竞赛的关注度和参与热情是极高的。

(2) 获奖率稳步提高

高职院校参加职业技能竞赛的学生,在比赛中表现突出,不仅为自己赢得了荣誉,也为学校赢得了荣誉。近年来,高职院校职业技能竞赛的获奖率也呈现出稳步提高的趋势,获得国家级及省级奖项的学生越来越多。

(3) 促进学生职业发展

高职院校职业技能竞赛不仅是一种学生自我提高、自我超越的机会,更是一种促进学生职业发展的重要途径。职业技能竞赛可以让学生在实际操作中不断提高自己的职业技能水平,以增加自身的竞争力,为未来的就业和职业发展打下良好的基础。

(4) 推动学校职业教育的发展

高职院校职业技能竞赛的开展不仅对学生的职业发展有重要意义,也对学校的职业教育发展起到了积极的推动作用。职业技能竞赛可以促进教师教学改革,推动校企合作,促进实践教学的深入发展,同时也可以带动学校的职业教育和技术创新水平的提升。

2. 社会实践活动取得丰硕成果

高职院校积极组织学生参加各种社会实践活动,让学生在实践中学习,提高综合素质和职业素养。实践活动包括实习、调研、志愿服务、科技创新等多个方面。通过这些实践活动,学生深入了解社会发展现状,了解职业发展方向,锻炼解决问题的能力,增强了社会责任感。

(1) 社会服务实践活动

高职院校积极与社区、企业、政府等社会组织合作,组织学生开展社区服务、公益活动、环保行动等实践活动。例如,学生可以通过开展卫生志愿服务活动、植树造林等方式,为当地社区和公共环境做出贡献,同时增强了他们的社会责任感和公民意识。

（2）产业实践活动

高职院校积极推进产教融合，与企业合作开展产业实践活动，让学生在实践中掌握职业技能，了解产业发展和市场需求。例如，学生可以通过企业实践、创业实践等方式，掌握实际操作技能，增强职业竞争力。

（3）学科竞赛实践活动

高职院校鼓励学生参加各种学科竞赛活动，如机器人大赛、电子设计大赛等。通过竞赛活动，学生可以将学习到的理论知识应用于实践，提高自己的学科水平和创新能力。

（4）文化艺术实践活动

高职院校注重培养学生的文化素养和艺术修养，组织学生参加文化艺术活动，如音乐会、话剧表演、绘画比赛等。通过参加这些活动，学生可以提高自己的审美水平和文化素养，拓宽自己的视野和思维能力。

高职院校通过开展多种形式的社会实践活动，为学生提供了一个全面发展的平台，培养了学生的实践能力、职业素养和社会责任感，取得了丰硕的成果。

3. 德育教育成效显著

高职院校注重德育教育，通过各种形式的教育活动，引导学生树立正确的人生观、价值观和世界观，提高道德素质和文化素养。校园文化节、主题教育活动、思想道德讲堂等德育教育活动，丰富多彩，形式新颖，深受学生欢迎。这些教育活动促进了学生德育素质的提高，培养了学生的社会责任感和爱国情怀。

（1）学生德育水平整体提升

高职院校德育教育重视学生思想道德素质的提高，开展了一系列德育实践活动，取得了良好的成效。学生的道德素质、文化素质、身心素质等综合素质得到了明显的提高。学生树立了正确的人生观、价值观和世界观，维护社会公德和道德规范的意识得到了增强。

（2）职业素质整体提高

高职院校注重学生职业素质的培养，通过职业规划、职业技能培训、职业道德教育等方式，帮助学生掌握职业发展的规律和方法，提高学生的职业素质。同时，高职院校积极开展职业技能竞赛等活动，加强学生实践能力的培养，为学生就业和创业打下坚实的基础。

高职德育教育在促进学生全面发展、提高学生综合素质、加强学生实践能力等方面取得了显著的成效。

4. 社团活动形式多样

高职院校积极推进社团建设，开设各类社团，促进学生多方面的发展。在德育教育中，社团活动也是一种重要的途径，通过参加社团活动，学生可以在实践中提高自身的职业素质和综合素质，培养团队协作意识和创新精神，提高自身的竞争力。

（1）学生会

学生会是高职院校中最具代表性的社团之一，其组织结构、工作内容和工作方式等方面也相对成熟和规范。学生会以服务学生为宗旨,通过组织和策划各种活动来丰富学生的校园生活,提高学生的自我管理和组织能力,培养学生的领导才能和协作精神。学生会的工作范围广泛,包括学生活动策划、社会实践组织、文艺比赛等。

(2)学术科技类社团

高职院校开设了众多学术科技类社团,如电子设计、机器人、程序设计等。这些社团主要以开展技能培训和科技竞赛为主,培养学生的创新能力和实践能力。通过参加这些社团,学生可以在实践中加深对专业知识的理解,提高自身的专业技能。

(3)文化艺术类社团

文化艺术类社团是高职院校中比较受欢迎的社团之一。这些社团主要以音乐、舞蹈、书法、绘画等为主,通过开展各类文艺活动和比赛,丰富学生的课余生活,提高学生的文化素养和审美能力。

(4)公益志愿者社团

公益志愿者社团是高职院校中发展较为迅速的社团之一,通过参加各类志愿服务活动,培养学生的社会责任感和公民意识。公益志愿者社团组织各种公益活动,如义卖、募捐、义工等,通过志愿服务来传递爱心和温暖。

第二节 当前德育教学面临的挑战和问题

一、当前德育教学面临的挑战

(一)价值观多样性

现代社会的多元化和全球化使得学生的背景、价值观和道德观念差异较大。德育教学需要面对不同文化、宗教和伦理体系之间的冲突和对立,如何在尊重多样性的同时传递共同的核心价值成为一个挑战。

1.了解和尊重多样性

面对多样性的挑战,德育教育需要以开放和包容的态度,深入了解学生的背景、文化和价值观。教师需要通过与学生的交流和互动,了解他们的不同观点和信仰,并尊重其多样性。学校可以开设相关课程,促进学生对不同文化和宗教的理解和尊重,培养他们的跨文化交流和合作能力。

2.强调共同的核心价值

尽管学生的价值观可能存在差异,但德育教育应强调共同的核心价值,如诚实、尊重、公正、责任等。这些核心价值是各种文化和宗教中普遍认同的,是社会和人际关系的基础。通过引导学生认识和理解这些核心价值,并将其应用于实际生活中,可以促进学生的道德发展和人格塑造。

3. 倡导对话和辩论

在德育教学中，应鼓励学生进行对话和辩论，表达自己的观点并尊重他人的观点。通过开展小组讨论、辩论赛等活动，学生可以学会倾听他人的意见，理解不同观点的合理性，提高他们的思辨和判断能力。教师应引导学生进行有意义的对话，培养他们尊重多样性和处理观点冲突的能力。

（二）快速变化的社会

社会的快速变化和科技进步带来了新的道德和伦理问题，德育教学需要与时俱进，及时回应和处理这些新兴问题，如数字伦理、人工智能伦理、隐私保护等。同时，德育教育也需要帮助学生适应快速变化的社会环境，培养他们的适应能力和灵活性。

1. 引导学生思考和讨论

教师可以引导学生思考和讨论新兴的道德和伦理问题，激发他们的思辨和批判思维能力。通过开展小组讨论、辩论赛和案例分析等活动，学生可以深入了解和探讨这些问题的不同方面，理解其中的道德考量和权衡。

2. 教授相关知识和原则

德育教育应提供学生所需的相关知识和原则，使他们能够理解和分析新兴问题。例如，数字伦理教育可以涵盖信息安全、网络道德、数据隐私等内容；人工智能伦理教育可以探讨机器道德、人际关系、算法偏见等议题。教师可以通过讲授相关理论、案例研究和实际应用，帮助学生理解和应对这些问题。

3. 培养道德决策能力

面对新兴问题，学生需要具备良好的道德决策能力。德育教育应该培养学生的道德意识、道德判断和道德行为能力。教师可以通过情景模拟、角色扮演和伦理决策讨论等活动，培养学生在复杂情境下做出正确和负责任的决策的能力。

4. 提供实践机会和项目

德育教育可以通过提供实践机会和项目，让学生将道德原则和价值观应用于实际情境中。例如，学生可以参与社区服务活动，关注环境保护、社会公益等议题；也可以参与科技创新项目，关注科技伦理和社会影响等问题。通过实践经验，学生可以更好地理解和应对现实生活中的道德挑战。

（三）课程压力和时间限制

高职院校的教学任务繁重，课程设置和时间安排紧张，给德育教育留下了有限的时间和资源。如何在有限的时间内开展有效的德育教学，确保德育教育与专业教育的平衡，是一个需要解决的难题。

（四）考核和评价体系

传统的考核和评价体系偏重于对学生专业知识和技能的评估，对德育教育的考核和评价相对较少。如何建立科学有效的德育评价体系，更好地评估学生的道德品质和综合素养，是一个亟待解决的问题。

（五）教师素质和专业发展

教师在德育教学中扮演着关键角色，他们需要具备德育知识和技能，能够引导和激励学生的道德发展。但是，当前教师的德育素养和专业发展仍面临挑战，包括师资队伍结构、培训和支持体系等。

（六）德育与就业需求的衔接

高职院校的德育教育需要与就业需求紧密衔接，培养学生适应职业环境的道德素养和职业操守。如何在德育教育中注重职业道德和职业素养的培养，帮助学生实现职业的衔接。

二、当前德育教学存在的问题

我国在整体构建德育实施方面取得了一系列的理论与实践成果，这些都为整合创新高职德育实施提供了范式和探索的依据，但由于我国高职教育起步较晚，而且其中历经艰难与曲折，对德育实施的研究与探索还仅仅处于初始阶段，高职德育实施虽然从形式上比较完整，但它是在相对封闭的系统中运行，科学性、完整性不够，育人为本、德育为先的理念远未落到实处；实效性低下，高职德育合力尚未形成，暴露出诸多弊端。

（一）德育实施缺乏整体性

高职德育体系是一个系统，每个子系统之间与子系统内部是相互贯通、彼此依赖的，体现了德育体系的整体性。

1.德育实施的整体性分析

高职德育教育的实施，需要具备整体性思维，将各个方面的工作整合起来，形成一个有机的整体，以实现教育目标和任务。

（1）整体性课程设计

高职德育教育的课程设计需要整体性思维，将课程各个模块相互关联、相互贯通，形成一个整体性的教育体系。教育者需要对学生进行全面的、系统的素质培养，因此，需要把道德、职业、文化、科技、艺术等各个方面的教育内容融入课程设计中。

（2）整体性教育管理

高职德育教育的管理需要整体性思维，将各个方面的管理工作整合起来，形成一个有机的整体，以保障教育质量和效果。管理者需要制定完善的德育教育管理规章制度，协调各个部门的工作，推进德育教育的各项工作。

（3）整体性教育评价

高职德育教育的评价需要整体性思维，将各个方面的评价指标整合起来，形成一个有机的整体，以全面地评价学生德育教育的质量和效果。评价者需要根据学生的德育教育目标和任务，制定科学、合理的评价指标和方法，对学生的德育素质进行全面、科学、公正的评价。

（4）整体性教育实践

高职德育教育的实践需要整体性思维，将各个方面的实践活动整合起来，形成一个有机的整体,以促进学生德育素质的全面提升。实践者需要根据学生的德育教育目标和任务,制定科学、合理的实践方案和方法,开展多种形式的德育实践活动,包括社会实践、志愿服务、职业技能竞赛等。

2.德育实施缺乏整体性的表现

许多高职院校都没有一个规范完整的德育体系,经常出现德育实施过程有始无终,或德育环节中间断裂等现象。高职德育实施中存在一些缺乏整体性的表现,具体如下。

(1)教育目标缺乏整体性

有些高职院校在制定德育教育目标时,重点强调了某些方面,而忽略了其他方面,导致德育教育目标不够全面和综合。

(2)教育内容缺乏整体性

有些高职院校在德育教育中只注重道德品质的培养,忽视了其他方面,如职业素养、创新能力等,导致德育教育内容不够全面。

(3)教育方法缺乏整体性

有些高职院校在德育教育中只采用了单一的教育方法,如讲座、演讲等,而忽视了其他教育方法的应用,如情景教学、体验式教学等,导致德育教育方法不够多样化和全面。

(4)教育评价缺乏整体性

有些高职院校在德育教育评价中只注重学生道德品质的评价,而忽视了其他方面,如职业素养、创新能力等,导致德育教育评价不够全面。

高职德育实施中缺乏整体性是存在的,需要高职院校进一步加强对德育教育整体性的认识和实践,注重德育教育目标、内容、方法、评价等方面的整合和协调,确保德育教育的全面发展和有效实施。

(二)德育实施缺少层次性

新时代个别高职院校的德育实施目标层次模糊,没有高职院校专用的德育大纲,缺少德育的针对性,缺少层次性与结构性,仍处于分散的状态。德育实施的层次性突出表现为阶段性与递进性的特点,各子系统之间是否做到有效衔接、逐渐过渡是处理好德育实施层次性的关键所在。

1.高职德育教育的层次性分析

(1)政策层面

高职德育教育的实施需要有政策层面的支持,相关政策的制定和实施能够为高职德育教育提供必要的制度保障和资源保障。例如,国家和地方政府可以出台关于高职德育教育的相关政策文件和规定,为高职院校德育教育的开展提供政策指引和资源保障。

(2)教育层面

①课程设置。高职德育教育需要有相应的课程设置,包括职业道德、职业技能、职业规划和职业素质等方面的课程,从而使学生能够全面掌握职业发展所需要的知识和技能。

②教学方法。高职德育教育需要采取多种教学方法,如情景教学、案例教学、角色扮

演等,从而让学生在实践中掌握职业技能和职业道德,并培养职业素质和创新创业精神。

③师资队伍。高职德育教育需要拥有专业化的师资队伍,这些教师应该具备良好的职业素质和教学能力,能够为学生提供专业化的德育教育。

(3)学校层面

①机构设置。高职德育教育需要拥有相应的机构设置,如德育部门或德育中心,从而为学生提供德育教育的统一领导和管理。

②资源保障。高职德育教育需要得到学校资源的保障,包括资金、场地和设施等,从而为学生提供良好的德育教育环境和资源支持。

③评估与监督。评估与监督是高职德育实施过程中不可或缺的环节,可以帮助高职院校了解德育教育工作的实际效果,及时发现问题,加以改进和完善。

评估与监督的方式和方法多样,包括但不限于以下几种:第一,定期开展学生思想政治素质评估。通过对学生的思想政治素质进行评估,发现学生在思想政治方面存在的问题,及时进行干预和辅导。第二,定期开展学生综合素质评估。通过对学生的综合素质进行评估,包括道德素质、智育素质、体育素质、美育素质等方面的评估,发现学生在各方面的表现,为学生提供更好的指导和帮助。第三,开展德育教育质量评估。通过对德育教育的质量进行评估,发现德育教育工作中存在的问题,加以改进和完善,提高德育教育工作的水平和质量。第四,加强督导检查。学校可以组织专业人员对德育教育工作进行督导检查,及时发现问题,提出改进意见。第五,加强学生自我评估和互评。学校可以引导学生自我评估和互评,帮助学生发现自身存在的问题,及时进行调整和改进。

评估与监督是高职德育实施的关键环节,只有通过有效的评估和监督,才能不断提高德育教育工作的质量和水平。

2.德育实施缺少层次性的表现

(1)德育内容方面

①缺少多元化的德育内容。德育内容偏重于思想道德和政治素质的培养,对其他方面的德育内容,如职业素质、创新创业能力等,缺乏关注和引导。

②缺少层次分明的德育内容。德育内容没有进行分层和细化,缺乏根据不同年级、不同专业、不同学生群体设置不同德育内容的方案,无法达到循序渐进、逐步提高的目的。

(2)德育途径方面

①缺少多样化的德育途径。德育途径主要以课堂教学、社会实践、职业技能竞赛为主,对其他类型的德育途径,如文艺活动、体育锻炼等,缺乏充分的利用和开发。

②缺少层次分明的德育途径。德育途径没有进行分层和细化,缺乏根据不同年级、不同专业、不同学生群体设置不同德育途径的方案,无法满足学生不同层次的德育需求。

(3)德育方法方面

①缺少多样化的德育方法。德育方法主要以讲授、辅导、模拟为主,对其他类型的德育方法,如案例分析、角色扮演等,缺乏充分地利用和开发。

②缺少层次分明的德育方法。德育方法没有进行分层和细化,缺乏根据不同年级、不

同专业、不同学生群体设置不同德育方法的方案，无法满足学生不同层次的德育需求。

（4）德育管理方面

①缺少多元化的德育管理。德育管理主要以教师管理、学生管理和班级管理为主，缺少对学生德育管理的全面性考虑，缺少多元化的德育管理，如学生自我管理、家长参与管理等。这导致学生德育管理缺乏系统性和全面性。

②缺少科学的德育评价体系。高职院校在德育评价方面，普遍存在以考试成绩和学科成绩为主要评价指标的情况，缺乏科学的德育评价体系。这不仅难以全面评价学生德育教育的效果，也难以引导学生在德育方面进行全面的自我评价和提高。

③缺乏德育信息化建设。随着信息技术的不断发展，德育信息化建设已经成为高校德育管理的重要趋势。但是在高职院校德育实施中，缺乏德育信息化建设，导致学生德育管理的信息化程度低下，无法全面、及时、科学地监控学生德育教育的实施效果。

④缺乏制度化的德育管理。高职院校德育实施中，缺乏制度化的德育管理，缺少明确的德育管理规范和标准，导致学生德育管理缺乏科学性和规范性，德育工作容易流于形式化。

高职德育实施缺少层次性的表现，主要体现在德育目标、内容、途径、方法、管理、评价等各要素方向。解决这些问题需要高职院校注重建立科学的德育管理体系，制定明确的德育管理规范和标准，加强德育信息化建设，形成全面、科学、规范、制度化的德育管理体系。

（三）德育实施缺乏针对性

实习实践、动手操作、职业模拟是高职教育办学目标的规定性特点，产教结合、校企合作是职业教育的本质要求，对高职学生进行职业道德规范教育和职业行为养成训练，突出职业性价值取向，是高职德育实施区别于其他类型学校的重要特色。而"特"字首先体现在高职德育目标、内容、途径的选择上，具有一定的针对性，即社会性、实践性与职业性。

1.高职德育实施的针对性分析

高职德育教育是为了培养职业素质全面、能够适应社会和经济发展需求的高素质人才，具有明显的社会性、实践性和职业性特点。因此，在实施德育教育时，必须考虑这些特点，并有针对性地制定教育方案和实施措施。

（1）社会性

高职院校德育教育必须与社会紧密结合，注重引导学生关注社会问题，培养学生的社会责任感和公民意识。为此，德育教育应该通过开展社会实践、参与志愿服务、组织社会实践等形式，让学生深入社会，了解社会发展的现状和问题，引导学生积极参与社会建设和公益事业。

（2）实践性

高职院校德育教育注重实践教学，通过实践活动培养学生的动手能力和实际操作能力，使学生能够更好地适应职业发展需要。德育教育应该通过开展职业技能竞赛、职业实习、实践教学等方式，让学生接触职业实践，掌握职业技能，提高职业素养。

（3）职业性

高职院校德育教育的目的在于培养高素质职业人才，因此德育教育应该注重培养学生的职业素质。德育教育应该通过职业规划教育、职业道德教育、职业技能教育等方式，引导学生树立正确的职业观念和职业道德观，掌握职业技能和职业规划方法，提高职业素质。

高职德育教育应该注重社会性、实践性和职业性，将德育教育与社会和职业紧密结合起来，通过实践教学和职业规划教育等方式，提高学生的职业素质和适应能力。

2.德育实施缺乏针对性的问题

当前许多高职院校的德育工作或者仿效本科德育的思路，或者承袭中职德育的做法，德育实施构建针对性不够，缺少职业特点。高职德育实施缺乏针对性的问题主要表现在以下几个方面。

（1）德育目标不明确

有些高职院校虽然确定了德育目标，但缺乏明确的指标和量化的标准，难以衡量学生的德育水平和进步情况，导致德育实施缺乏针对性。

（2）德育内容不具体

有些高职院校虽然列出了德育内容，但往往只停留在口号式的宣传，缺乏具体的操作方法和实践活动。这样的德育内容无法引导学生树立正确的职业观念和价值观，缺乏针对性。

（3）德育途径单一

有些高职院校虽然开展了一些德育活动，但往往局限于课堂教学和单一形式的活动，缺乏多样化和创新性。这样的德育途径无法满足学生不同的需求和特点，缺乏针对性。

（4）德育方法简单粗暴

有些高职院校在德育实施过程中采取一些简单粗暴的方法，如强制性规定、惩罚性措施等，缺乏德育的人性化和关怀性。这样的德育方法无法真正引导学生树立正确的价值观和职业观，缺乏针对性。

高职德育实施缺乏针对性主要表现在德育目标不明确、德育内容不具体、德育途径单一和德育方法简单粗暴等方面。针对这些问题，高职院校应该进一步完善德育目标、明确德育内容、创新德育途径、改善德育方法，从而使德育实施更具针对性和有效性。

（四）德育实施缺乏外延性

社会发展的需要高职教育面向社会，德育的发展需要也要面向社会，德育实施的外延性是由德育实施的开放性所决定的，主要表现在能否使体系内的子系统有效衔接，能否延伸中、小学德育实施，能否集学校、家庭、社会于一体化发挥德育合力。

高职德育实施的外延性分析主要涉及其子系统之间的有效衔接问题，主要表现在以下几个方面。

1. 德育目标与课程设置的衔接不够紧密

高职院校制定的德育目标并没有与具体的课程设置进行有效衔接，导致德育教育过程中存在目标模糊、课程无效等问题。具体表现在以下几个方面。

（1）德育目标不够具体、明确

高职院校在制定德育目标时，有的只是简单地提出"提高学生的综合素质""培养学生成为合格的职业人才"等宏观性目标，缺乏具体的实现方案和指标，难以与具体的课程设置形成有效衔接。

（2）课程设置缺乏德育内容

高职院校在课程设置方面，过于注重专业课程的设置，忽略了德育课程的设置，使得德育内容无法得到有效传递和实施。另外，一些德育课程设置过于单一，缺乏针对性，难以满足学生的多元化需求。

（3）德育课程设置缺乏实践性

高职院校在德育课程设置方面，过于注重理论性内容，缺乏实践性内容。德育课程的实践性是德育目标得以实现的重要保障，如果缺乏实践性内容，难以达到德育目标的预期效果。

（4）教学方法和手段单一

高职院校在德育教学中，常采用单一的教学方法和手段，如讲授、讲解、辅导等，难以满足学生不同的学习需求和多元化的德育目标。

（5）缺乏课程衔接和整合

高职院校的德育课程设置往往是零散的，各个德育课程之间缺乏衔接和整合，难以形成完整的德育课程体系，也难以达到德育目标的协同效应。

2. 德育途径与实践活动的衔接不够紧密

高职德育实施中，德育途径与实践活动的衔接不够紧密也是一个存在的问题。虽然高职院校积极推进社团建设、开展职业技能竞赛、组织社会实践等形式多样的实践活动，但是这些活动与德育途径之间的衔接还需要进一步加强。

首先，在德育途径的选择方面，往往存在盲目跟风、不考虑学生特点和需求的情况。例如，一些学校在开展社团活动时只是简单地复制其他学校的模式，而没有考虑到学生的兴趣爱好和特长，导致社团活动无法真正发挥作用。又如，一些学校在开设职业规划课程时，只是简单地传授知识，而没有与实践活动结合起来，导致学生很难将所学知识应用到实际中。

其次，在实践活动的开展方面，也存在一些问题。一些学校的实践活动缺乏有效的组织和管理，导致活动效果不佳。同时，一些学校开展的实践活动与课程设置之间缺乏密切的衔接，学生参加活动的动机和目的不够明确，容易出现投机取巧、浮于表面的情况。

针对这些问题，高职院校应该在德育途径和实践活动的选择上更加注重针对性，根据学生的特点和需求，选择适合的途径和活动，确保活动的质量和效果。同时，高职院校应该加强对实践活动的组织和管理，确保活动能够顺利进行并取得实际成果。最重要的是，高职院校应该加强对课程设置和实践活动之间的衔接，让学生在实践中能够深入理解和体验所学知识的实际应用，从而更好地实现德育目标的达成。

3. 德育评价与教学质量保障的衔接不够紧密

高职院校对德育教育的评价主要集中在学生的综合素质评价上，而与教学质量保障体系之间的衔接不够紧密，导致评价结果不能及时反馈到教学实践中，从而影响德育效果的提升。高职德育评价与教学质量保障的衔接不够紧密的问题主要体现在以下几个方面。

（1）评价指标与教学目标不匹配

德育评价指标应该是教学目标的具体表现，但在实际操作中，往往出现评价指标和教学目标之间的不匹配现象。例如，在职业素养教育方面，如果只是以学生的职业技能水平作为评价指标，而忽略了其职业操守、职业道德等方面的评价，就会导致评价指标与教学目标不匹配的问题。

（2）评价结果与教学反馈不及时

德育评价结果应该及时反馈给教师，帮助其调整教学策略和方法，但在实际操作中，往往出现评价结果和教学反馈不及时的问题。这样就无法及时发现教学问题，及时进行调整，导致教学质量无法保障。

（3）评价标准缺乏明确性

德育评价标准应该是明确的、可操作的，但在实际操作中，往往出现评价标准缺乏明确性的问题。这样就无法对学生进行科学、公正的评价，也无法对教学质量进行有效地保障。

4. 德育教师培训与实践需求的衔接不够紧密

高职院校在德育教师培训方面投入较少，培训内容和实践需求之间的衔接不够紧密，导致教师在实践中存在困难和问题，影响了德育效果的提升。

（1）高职德育教师培训存在的问题

①缺乏系统化。在高职院校中，德育教师的培训大多是临时性的，缺乏系统化和长期性，而且培训内容和形式也不够丰富多样。这导致很多德育教师只能通过自学和互相交流来提升自己的能力，很难达到系统性和全面性。

②培训内容不够贴近实际。德育教师培训的内容大多是理论性的，缺乏与实际相结合的教学案例和教学经验，这使得教师难以将所学的理论应用到实践中。

③缺乏个性化的培训方案。由于德育教师的教育背景和教学经验不同，培训方案不能够满足每个教师的个性化需求，导致很多教师不能够得到有效的提升和支持。

（2）高职德育实践需求的问题

①实践机会不足。高职院校德育实践机会相对较少，很多教师很难有机会参与到实践中，缺乏实践经验。

②实践内容不够丰富。很多高职院校的德育实践内容相对单一，缺乏多样性和创新

性。这使得很多教师难以获得新的经验和知识。

③实践评价标准不够明确。在高职院校中，对德育实践的评价标准并不是很明确，这使得很多教师难以确定自己的实践水平和能力。

（3）高职德育教师培训与实践需求的衔接问题

由于高职德育教育的特殊性，德育教师的培训和实践需求是非常重要的环节，关系到德育教育质量的提高和改进。然而，实际上高职德育教师培训与实践需求之间存在一定的衔接问题，主要表现在以下几个方面。

①培训内容与实际需求不匹配。高职德育教师的培训应该针对实际需求，但是实际上培训内容与实际需求存在一定的不匹配。一方面，一些德育教师培训课程设置不够灵活，重点偏向于理论知识的灌输，而忽略了实践能力和创新能力的培养，与实际需求不够匹配。另一方面，一些德育教师培训机构过于注重技能培训，忽略了理论知识的掌握和思想素质的提高，也与实际需求不够匹配。

②培训方式与实际需求不相适应。高职德育教师的培训方式应该根据实际需求来选择，但是实际上培训方式与实际需求并不相适应。一方面，一些德育教师培训采用的方式单一，例如，只进行理论培训，没有实践环节，无法满足德育教师的实际需求。另一方面，一些德育教师培训机构的方式过于简单，缺乏足够的挑战性和创新性，也不能满足德育教师的实际需求。

③实践需求与教学环境的衔接不紧密。高职德育教师的实践需求应该与教学环境紧密衔接，但是实际上衔接不够紧密。一方面，一些高职德育教师的实践需求不能及时得到满足，例如，需要实践机会和场所等，这就需要教学环境提供更多的支持和保障。另一方面，一些教学环境缺乏创新和改进，不能满足德育教师的实际需求，也需要不断改进和提高。

（4）教学质量保障机制不完善

高职德育教育教学质量保障机制不完善是影响高职德育实施的重要问题之一。主要表现在以下几个方面。

①缺乏有效的评价指标体系。目前，高职德育教育缺乏完善的评价指标体系，评价标准不够明确、科学，评价方法和手段也比较单一，无法全面、准确地评估学生的德育水平和德育教育的效果。

②缺乏有效的反馈机制。德育教育需要建立起科学有效的反馈机制，及时了解学生的德育发展情况，及时发现问题，有针对性地开展针对性的教育活动，提高教育效果。但目前，德育教育的反馈机制还不够完善，缺乏有效的渠道和手段进行信息的反馈和收集。

③缺乏有效的管理机制。高职德育教育需要建立起有效的管理机制，明确教育管理责任，建立完善的管理体系，确保教育教学质量的稳定和持续提高。但目前，高职德育教育的管理机制还不够健全，缺乏完善的管理规范和流程，难以有效地保障教育教学质量。

④缺乏有效的监督机制。高职德育教育需要建立起科学有效的监督机制，加强对德育

教育过程的监督和评估，及时发现问题，及时进行整改。但目前，德育教育的监督机制还不够完善，缺乏有效的监督手段和渠道，难以保障教育教学质量的持续提高。

因此，高职德育教育需要进一步完善教学质量保障机制，建立科学有效的评价指标体系和反馈机制，健全管理和监督机制，确保教育教学质量的持续提高和稳定。

第四章 高职院校德育教学建立积极的学习环境

第一节 创建支持和鼓励学生发展的学习环境

高职院校德育教学的目标是培养学生的综合素质和道德品质,为他们的成长和职业发展奠定基础。

一、提供积极的学习资源

为学生提供丰富多样的学习资源,包括图书馆、实验室、技术设施等。确保学生可以自由获取所需的学习资料和信息。同时,鼓励学生参与学术研究、实践项目和社会实践,提供机会让学生应用所学知识,培养他们的实践能力和创新精神。

(一)提供丰富多样的图书馆资源

高职院校应建设现代化的图书馆,提供丰富多样的图书、期刊、报纸和电子资源,涵盖各个专业领域。图书馆应提供舒适的学习环境和便捷的借阅服务,使学生能够自由获取所需的学习资料。此外,图书馆还可以开展相关培训和指导,帮助学生有效利用图书馆资源进行学习和研究。

首先,高职院校应建设现代化的图书馆,为学生提供丰富多样的图书资源。图书馆的藏书应覆盖各个专业领域,包括核心教材、参考书籍、专业期刊和研究报告等。这些图书资源可以满足学生在专业学习中的知识需求,帮助他们深入学习和研究相关领域的知识。

其次,图书馆应提供丰富的电子资源,包括数据库、电子期刊、在线图书和学术论文等。这些电子资源可以迅速获取最新的研究成果和学术资料,为学生的学习和研究提供便利。图书馆可以订阅各种学术数据库,为学生提供在线阅读和检索服务,使他们能够随时随地获取所需的学术资料。

再次,图书馆应提供舒适的学习环境,以满足学生的学习需求。图书馆的阅览室应该配置舒适的座椅和桌子,提供安静的学习空间。为了满足学生对个性化学习环境的需求,可以设置独立的学习区域或小组学习区域,以适应不同学习风格学生的需要。

最后,图书馆应提供便捷的借阅服务和图书馆导航指引。学生应该能够方便地借阅所需的图书和资料，图书馆可以提供自助借还服务和线上预约借阅服务，提高借阅效率。同时，为了帮助学生快速找到所需资源，图书馆还可以提供导航指引、分类索引和图书馆工作人员的咨询服务，以帮助学生减少查找时间，更好地利用图书馆资源。

除了传统的图书馆资源，图书馆还可以开展相关培训和指导，帮助学生有效利用图书馆资源进行学习和研究。图书馆可以定期举办图书馆资源的使用培训，教授学生如何进行图书检索、文献引用和学术写作等技能。此外，图书馆还可以提供个性化的学术支持，为学生提供学术写作指导、文献检索帮助和学术论文评审等服务，帮助学生提升学术水平和学术素养。

（二）建设先进的实验室和技术设施

为了支持学生的实践能力培养，高职院校应建设先进的实验室和技术设施。这些设施应当与行业发展和职业需求紧密相连，能够提供实际的学习和实践环境。学生可以在实验室中进行实验操作、技术训练和创新项目，通过实践活动将理论知识与实际应用相结合。对于高职院校来说，建设先进的实验室需要考虑以下几个方面。

1.确定实验室地功能和设备配置

根据不同专业的需求，确定实验室的功能和设备配置。例如，计算机专业可以配置先进的计算机硬件和软件设备，电子工程专业可以配备先进的电子设备和仪器。设备的选择和配置应符合行业标准和最新发展趋势，以确保学生能够获得与实际工作环境相匹配的实践经验。

2.提供充足的实验材料和资源

为了支持实验活动的开展，实验室应提供充足的实验材料和资源。这包括实验所需的原材料、样品、模型等，以及实验指导书、操作手册等辅助资料。学校应确保实验室设施和材料的及时更新和补充，以满足学生的实验需求。

3.加强实验室管理和维护

实验室的管理和维护是确保实验室正常运行和学生安全的关键。学校应设立专门的实验室管理团队，负责实验室设备的维护和管理，定期进行设备检修和安全检查，确保实验室的正常运行和学生的安全。

4.提供实验指导和技术支持

为了帮助学生充分利用实验室资源进行学习和研究，学校应提供实验指导和技术支持。实验指导可以包括实验操作指导、实验报告撰写指导等，帮助学生正确进行实验和分析实验结果。技术支持可以包括实验设备的使用培训、故障排除等，确保学生能够熟练掌握实验设备的使用方法。

通过建设先进的实验室和技术设施，高职院校可以为学生提供一个实践的平台，帮助他们将所学知识应用于实际情境中，培养实践能力和创新思维。

（三）促进学术研究和创新项目

高职院校德育教学的目标之一是培养学生的创新精神和实践能力。为了实现这一目标，促进学术研究和创新项目的开展至关重要。

首先，高职院校可以设立科研基金，资助学生的研究项目。通过提供资金支持，学校鼓励学生主动参与科学研究，深入探索感兴趣的领域。学生可以提出研究课题，并通过科研基金的申请获得经费支持。这些经费可以用于购买实验材料、仪器设备，或者用于开展实地调研等。通过资助研究项目，学校为学生提供了展示自己的机会，激发他们的学术兴趣和研究热情。

其次，学校应该提供导师指导和支持。导师是学生在研究过程中的重要指导者和学术支持者。高职院校可以组建专业的教师团队，拥有丰富的研究经验和专业知识。导师与学生建立紧密的指导关系，帮助学生制订研究计划、解决研究难题，并提供相关的学术指导。通过与导师的互动和合作，学生可以获得专业指导和经验分享，提高研究能力和学术水平。

同时，高职院校可以鼓励学生参与学术会议和科研成果的发表。学术会议是学生展示研究成果、交流学术观点的重要平台。学校可以提供经费支持，资助学生参加学术会议，与同行学者进行交流和合作。此外，学校还可以组织学术研讨会和学术报告会等活动，让学生有机会向同学和教师展示自己的研究成果。通过参与学术会议和展示研究成果，学生可以增强自信心，提高学术表达能力，拓宽学术视野。

另外，高职院校还可以与企业、科研机构等合作，开展实际应用项目。与企业合作可以为学生提供实践的机会，让他们参与真实的项目开发和解决实际的问题。学校可以与行业合作伙伴建立合作关系，共同开展研究项目或实践项目，为学生提供实际的工作场景和挑战。通过与企业的合作，学生可以获得行业导向的培训和指导，了解行业的最新动态和技术趋势，提高他们的实践能力和就业竞争力。

此外，高职院校还可以鼓励学生参与创新项目。创新项目可以是学生自主发起的研究课题，也可以是学校组织的创新竞赛或项目孵化。学校可以设立创新创业中心或实践基地，提供创新资源和支持，帮助学生实现他们的创新创业梦想。创新项目的开展可以激发学生的创新思维和实践能力，培养他们的创业意识和团队合作精神。

总之，为了创建支持和鼓励学生发展的学习环境，高职院校应重视学术研究和创新项目的开展。通过设立科研基金、提供导师指导和支持、鼓励参与学术会议和科研成果的发表，以及与企业合作开展实际应用项目，学校可以为学生提供丰富的学术研究和创新实践的机会。这将有助于培养学生的创新精神、实践能力和综合素质，为他们的职业发展奠定坚实的基础。

（四）提供在线学习资源和平台

在线学习资源和平台的提供对于高职院校德育教学中的学生发展起着重要的支持和鼓励作用。

首先，高职院校可以建立在线学习平台，提供丰富多样的在线课程。这些课程可以包括专业课程、通识教育课程和德育教育课程等。学生可以根据自己的学习进度和兴趣选择适合的课程进行学习。在线学习平台可以提供灵活的学习时间和地点,学生可以根据自己的时间安排进行学习,无须受到时间和空间的限制。同时,学校可以将线下课程内容转化为在线形式,为学生提供多样化的学习资源。

其次,高职院校可以通过在线学习平台提供丰富的学习资料和参考资源。学校可以建立数字图书馆,提供电子书籍、学术论文、期刊文章等学术资源。学生可以通过在线学习平台自由获取所需的学习资料,并进行阅读和学习。此外,学校还可以提供在线教学视频、学习笔记、作业指导等辅助学习材料,帮助学生加深对知识的理解和应用。

另外,高职院校可以通过在线学习平台建立虚拟实验室和模拟实践场景。通过虚拟实验室,学生可以进行实验操作的模拟,探索科学原理和技术应用。这样的虚拟实验室可以提供安全、经济和可重复的实验环境,帮助学生在实验前熟悉实验过程和操作技巧。同时,学校还可以通过虚拟实践场景,让学生模拟实际工作场景,进行实践活动的模拟。这样的在线模拟实践场景可以培养学生的实践能力和解决问题的能力,为他们的职业发展做好准备。

此外,在线学习平台还可以提供互动交流的机会,促进学生之间的合作和讨论。学生可以通过在线平台参与课程讨论、小组项目合作和问题解答。这种互动交流的方式可以促进学生之间的学习互助和思想碰撞,加强学术交流和合作,培养学生的团队合作和沟通能力。学校可以设立在线讨论版块或论坛,让学生可以在其中讨论问题、交流观点,互相学习和启发。此外,学校还可以组织在线团队项目,让学生在团队中合作完成任务和项目,培养学生的团队合作和领导能力。

二、培养合作与竞争精神的学习氛围

高职院校在德育教学中应该努力营造一个积极的学习氛围,鼓励学生之间的合作与交流,同时培养健康的竞争精神。

(一)建立合作学习的机制和平台

高职院校可以通过小组讨论、团队项目和合作学习活动来促进学生之间的合作与交流。学校可以将学生分成小组,让他们共同完成学术任务、项目或实践活动。这样的合作学习方式可以促进学生之间的互动和合作,培养团队合作能力和集体荣誉感。学生在小组中分享知识、交流观点,并共同解决问题,提高解决问题的能力和合作技巧。学校还可以提供合作学习的场所和资源,如设立小组讨论室或合作学习空间。

(二)鼓励健康的竞争氛围

学校应该鼓励健康的竞争以激发学生的学习动力和创造力。竞争可以激发学生的自我要求和进取心,推动他们在学术和实践领域中追求卓越。例如,学校可以设立奖学金制度,根据学生的学术成绩和实践表现给予奖励,激励学生努力学习和取得优秀成绩。奖学金制度可以设立多个层次和类型的奖项,以适应不同层次和领域的学生需求。此外,学校还可以组织科技创新竞赛、学术比赛等活动,让学生有机会展示自己的才华和创新能力,从而激发他们的学习兴趣和积极性。

（三）设立激励机制和评价体系

为了有效促进学生的合作与竞争精神，学校应该建立激励机制和评价体系。激励机制可以包括奖学金、荣誉称号、学术导师指导等形式，以奖励那些在学术和实践领域中表现突出的学生。通过设立激励机制，学校可以激发学生的积极性和动力，使他们更加努力地追求学术和实践的卓越。

评价体系是确保合作与竞争精神发挥作用的关键。学校应建立公平、公正、透明的评价体系，对学生的学术成绩、项目成果和实践表现进行客观评估。评价标准应该明确，能够体现学生在合作和竞争中的贡献和表现。学校可以采用多元化的评价方法，包括考试成绩、项目报告、实践表现等，综合评估学生的综合能力。同时，学校应提供及时的反馈和指导，帮助学生了解自己的优势和不足，并制订进一步的学习和发展计划。

（四）教师角色的引导与支持

教师在营造积极的学习氛围和培养合作与竞争精神方面起着重要的作用。教师应该扮演引导和支持的角色，激发学生的学习热情和创造力。教师可以提供学习资源和指导，鼓励学生主动探索和学习。同时，教师应促进学生之间的合作与交流，组织讨论、团队项目等活动，培养学生的团队合作能力和集体荣誉感。教师还可以给予学生积极的鼓励和支持，助长他们的自信心和积极性。

总结起来，要在高职院校中建立一个支持和鼓励合作与竞争精神的学习环境，学校需要建立合作学习机制和平台，鼓励健康的竞争氛围，并设立激励机制和评价体系。教师应发挥引导与支持的角色，激发学生的学习热情和创造力。通过共同努力，学校可以为学生提供一个积极的学习氛围，培养他们的合作能力和竞争意识，为他们的未来发展奠定坚实的基础。

三、倡导积极的学习态度

培养学生的积极学习态度和自主学习能力。教师可以通过定期的学习指导和学业规划，帮助学生建立明确的学习目标和规划。鼓励学生克服困难和挑战，培养他们的自信心和毅力。同时，通过反馈和评价机制，及时认可学生的努力和进步，激发他们的学习动力和成就感。

（一）建立明确的学习目标和规划

教师可以通过定期的学习指导和学业规划，帮助学生建立明确的学习目标和规划。学生应明确知道他们的学习目标是什么，为什么要学习，并了解学习的重要性和意义。教师可以引导学生设定短期和长期的学习目标，并制订相应的学习计划和时间表。这样的学习目标和规划可以激发学生的学习动力和责任感，使他们明确学习的目标以及应该努力的方向。

（二）鼓励克服困难和挑战

在学习过程中，学生常常面临各种困难和挑战。教师应鼓励学生面对困难和挑战，帮助他们克服学习中的障碍和困难。教师可以采取个别辅导或小组讨论的方式，与学生一起分析问题，找出解决方案。同时，教师还可以分享一些学习策略和技巧，帮助学生提高学习效率和解决问题的能力。鼓励学生克服困难和挑战可以培养他们的自信心和毅力，让他们相信自己可以克服任何困难并取得成功。

（三）提供及时地反馈和评价

及时地反馈和评价是培养学生积极学习态度的重要手段。教师可以通过口头或书面形式，给予学生关于学习进展和表现的具体反馈。反馈应及时、具体、具有建设性，让学生了解自己的学习情况，发现问题和改进的方向。同时，教师还应充分认可学生的努力和进步，给予肯定和鼓励，激发他们的学习动力和成就感。学生在得到及时的反馈和评价后，能够更好地调整学习策略，提高学习效果，培养积极的学习态度。

（四）提供多样化的学习体验和机会

为了培养学生的积极学习态度，高职院校可以提供多样化的学习体验和机会。这包括课内外的学习活动、实践项目、实习经验等。学校可以组织学术讲座、学术研讨会、行业实践等活动，让学生与专业领域的专家学者和从业者进行交流和互动。此外，学校还可以鼓励学生参与科研项目、创新竞赛和社会实践，提供学习和实践的机会。通过多样化的学习体验和机会，学生可以拓宽视野，增强学习兴趣和动力，培养积极的学习态度。

（五）培养自主学习能力

自主学习能力是学生积极学习态度的重要表现之一。高职院校应注重培养学生的自主学习能力，使他们能够主动、独立地学习和探索。教师可以通过教学方法和策略，引导学生积极参与学习过程，培养他们的学习兴趣和主动性。同时，学校可以提供学习技能和方法的培训，教授学生如何有效地安排学习时间、制订学习计划和应对学习困难。通过培养其自主学习能力，学生可以更好地管理学习任务、提高学习效果，进而培养积极的学习态度。

通过建立明确的学习目标和规划、鼓励克服困难和挑战、提供及时的反馈和评价、提供多样化的学习体验和机会、培养自主学习能力等策略和方法，可以有效地培养学生的积极学习态度，帮助他们全面发展并取得优秀的学业成果。学校和教师在德育教学中起到重要的引导和支持作用，促进学生形成积极的学习氛围和学习习惯，为他们的个人发展和职业发展奠定坚实的基础。

四、关注学生身心健康

高职院校德育教学不仅关注学生的学术成就和职业发展，还注重学生的身心健康。学校应该提供适当的支持和帮助，关注学生的身心健康状况，促进他们的全面发展，提升他们的幸福感。

（一）设立心理咨询中心或学生服务中心

学校可以设立心理咨询中心或学生服务中心，为学生提供心理健康辅导和咨询服务。心理咨询师可以帮助学生解决学习、人际关系、情绪管理等方面的问题，提供情绪支持和心理调适的指导。学生可以通过预约或临时咨询获得心理支持，提高应对压力和困扰的能力。此外，学校还可以组织心理健康讲座和工作坊，提供心理健康知识和技能培训，帮助学生更好地了解和管理自己的情绪和心理状态。

首先，心理咨询中心的设立为学生提供了一个机会，可以自由地表达自己的情感和困扰。在大学期间，学生可能面临来自学业压力、人际关系、情绪管理等方面的挑战。而心理咨询师的存在可以帮助他们面对这些问题，并通过提供心理支持和指导，帮助他们解决困惑，找到适合自己的解决方案。心理咨询中心可以提供安全、保密的环境，学生们可以在这里自由地表达自己的内心世界，并获得专业的帮助和支持。

其次，心理咨询中心可以为学生提供心理健康辅导和咨询服务。心理咨询师具有专业的知识和技能，能够倾听学生的问题和困扰，并提供相应的建议和指导。他们可以帮助学生了解自己的情感和心理状况，提供情绪支持和心理调适的方法，以及解决学习、人际关系和自我发展等方面的困难。通过心理咨询中心的支持，学生可以获得积极的心理成长和发展，提高应对压力和困扰的能力。

此外，心理咨询中心还可以组织心理健康讲座和工作坊，提供心理健康知识和技能培训。这些讲座和工作坊可以涵盖情绪管理、压力调适、人际交往等方面的主题，帮助学生更好地了解和管理自己的情绪以及心理状态。学生可以通过参加这些活动，学习到实用的心理健康知识和技能，培养积极的心态和健康的生活方式。这些讲座和工作坊可以由心理咨询师、心理学教师或其他专业人士来主持，确保提供专业、有效的心理健康教育。

（二）组织身心健康教育活动

教师可以组织身心健康教育活动，如健康讲座、运动健身课程等，以提升学生的身心健康意识和生活习惯。健康讲座可以涵盖饮食营养、睡眠健康、心理压力管理等方面的内容，帮助学生形成健康的生活方式。运动健身课程可以鼓励学生参与体育运动、健身训练等活动，提高体质和增强身心健康。通过这些教育活动，学生可以获得相关知识和技能，养成良好的身心健康习惯。

1. 健康讲座和工作坊

高职院校可以组织健康讲座和工作坊，邀请专业人士和专家来校园进行专题演讲和培训，涵盖饮食营养、睡眠健康、心理压力管理等方面的内容。这些讲座和工作坊旨在向学生传授健康知识和生活技能，帮助他们了解身体和心理健康的重要性，并提供实用的方法和建议。通过这些活动，学生可以学习如何合理饮食、调节睡眠、应对压力等方面的知识，以改善自己的身心健康。

2. 运动健身课程和活动

学校可以开设各种类型的运动健身课程和活动，如篮球、足球、羽毛球、瑜伽、舞蹈等。这些课程和活动可以通过课堂教学、训练和比赛等形式，让学生参与体育运动、增强体质、锻炼身体。同时，学校还可以组织团队运动、校际比赛等活动，鼓励学生积极参与，并提供适当的指导和支持。通过参与运动健身课程和活动，学生可以提高体能、增强免疫力，并培养良好的运动习惯和生活方式。

3. 心理健康教育和辅导

学校可以开设心理健康教育课程和辅导活动，帮助学生了解和管理自己的心理健康。这些课程和活动可以涵盖情绪管理、压力调适、人际交往等方面的内容，通过教授相关的知识和技能，帮助学生提升心理健康水平。此外，学校还可以提供心理咨询和辅导服务，让学生有机会与心理专业人士进行交流和咨询，帮助他们应对心理问题和困扰。心理健康教育和辅导可以通过课堂教学、工作坊、个别辅导等形式进行。学校可以邀请心理咨询师、心理学教师或其他专业人士来主持这些活动，确保提供专业、有效的心理健康教育和支持。

4. 生活习惯培养和宿舍管理

学校可以组织生活习惯培养活动，鼓励学生养成良好的生活习惯。这可以包括宿舍管理、个人卫生、饮食健康等方面的指导和培养。学校可以组织宿舍卫生评比、饮食健康宣传活动等，激励学生注意个人卫生、保持整洁的生活环境，并提供相应的指导和支持。

（三）提供丰富的社团和文体活动

学校可以提供丰富多样的社团和文体活动，让学生参与其中，培养其兴趣爱好和社交能力。社团活动可以包括学术研讨会、艺术创作、志愿服务等，为学生提供广阔的发展平台。文体活动可以涵盖体育竞技、文艺表演、文化交流等方面，丰富学生的课余生活。通过参与社团和文体活动，学生可以结交朋友、展示才华，增强自信心和社交能力，促进身心健康发展。

1. 学术研讨会和创新竞赛

学校可以组织学术研讨会和创新竞赛，为学生提供展示自己学术研究成果和创新能力的平台。这些活动可以鼓励学生深入学习、积极探索，并促进他们在学术领域中的成长和发展。

2. 艺术创作和表演社团

学校可以设立艺术创作和表演社团，如音乐、舞蹈、戏剧、美术等。这些社团可以为学生提供展示自己艺术才华和创作能力的平台，培养他们的审美情趣和创造力。

3. 体育竞技社团

学校可以设立各种体育竞技社团，如足球、篮球、羽毛球、乒乓球等。这些社团可以提供专业指导和训练，让学生在体育运动中锻炼身体、培养团队合作精神和竞技意识。

4. 文化交流和国际交流社团

学校可以组织文化交流和国际交流社团，为学生提供了解不同文化、拓宽国际视野的机会。这些社团可以组织文化展示活动、国际交流活动、志愿者服务活动等，帮助学生增加跨文化交流的经验和能力。

5.志愿服务和公益活动

学校可以鼓励学生参与志愿服务和公益活动。通过组织志愿者团队、开展社区服务等，学生可以积极参与社会实践，关心他人，培养其社会责任感和公民意识。

通过提供丰富的社团和文体活动，学校可以激发学生的兴趣，鼓励他们积极参与课外活动，培养他们的领导能力、团队合作精神和创新思维。同时，这些活动也为学生提供了放松身心和展现个人兴趣爱好的机会。

（四）关注学生的生活环境和福利待遇

高职院校应关注学生的生活环境和福利待遇，为他们提供舒适和安全的生活条件。学校可以提供良好的宿舍设施和食堂服务，确保学生有良好的休息和饮食环境。同时，学校应建立健全的安全管理制度，加强校园安全巡查和保卫工作，保障学生的人身安全。

1.提供良好的宿舍设施

学校应提供安全、舒适、整洁的宿舍设施，为学生提供良好的居住环境。宿舍应配备基本的生活设施和设备，如床、桌椅、衣柜、独立卫生间等，并保持定期的维护和清洁。

2.提供多样化的饮食选择

学校食堂应提供多样化、营养均衡的饮食选择，满足不同学生的口味和饮食需求。食堂菜单应注重食品安全和卫生，提供新鲜、优质的食材，并合理控制食品价格，以保证学生的饮食质量和营养摄入。

3.建立安全管理制度

学校应建立健全的安全管理制度，加强校园安全巡查和保卫工作。学校应配备专职的保安人员，确保校园内部和周边环境的安全。此外，学校还可以开展安全教育和培训活动，增强学生的安全意识和自我保护能力。

4.关注学生福利待遇

学校应关注学生的福利待遇，确保学生的基本权益和利益得到保障。学校可以提供奖学金、助学金、勤工助学等资助政策，帮助经济困难的学生顺利完成学业。此外，学校还可以开展文体活动、文化娱乐等福利活动，丰富学生的课余生活。

（五）加强身心健康的监测和评估

高职院校可以定期进行身心健康的监测和评估，了解学生的身心健康状况，及时发现问题并采取相应的措施。通过开展健康调查问卷、身心健康检查等活动，学校可以收集学生的身心健康信息，为制订相关的健康促进计划和措施提供依据。同时，学校还可以与相关机构合作，提供专业的身心健康咨询和服务，为学生提供个性化的支持和帮助。

通过提供积极的学习资源、培养合作与竞争精神的学习氛围、倡导积极的学习态度，以及关注学生身心健康，可以为学生提供一个支持和鼓励他们发展的学习环境。这样的环境有助于培养学生的道德品质、职业素养和综合能力，为他们的职业发展和个人成长打下坚实基础。同时，高职院校也应不断完善和优化德育教学策略，以适应社会变化和学生需求的挑战，促进学生的全面发展和职业成功。

第二节 培养良好的师生关系和同学之间的互助合作氛围

一、建立师生信任和沟通渠道

学校可以鼓励教师和学生之间建立良好的互信关系，通过定期的班会、辅导员制度、开放式办公室等方式，为师生之间提供充分的沟通机会。教师应鼓励学生表达自己的想法和问题，积极倾听学生的声音，建立良好的互动和反馈机制。

（一）定期班会和辅导员制度

学校可以安排定期的班会活动，为师生之间提供面对面的交流平台。班会可以设立固定时间，让班主任与学生进行沟通、分享学习心得、解答疑问等。此外，学校还可以建立辅导员制度，为每个班级配备专职或兼职辅导员，作为学生的指导和支持人员，通过指导员的关怀和引导，建立起师生之间的信任和沟通桥梁。

1. 确定定期班会时间和议程

学校应设定固定的班会时间，确保每个班级都有机会进行定期的师生交流。班会的议程可以涵盖学习情况反馈、学生问题解答、学习资源分享、学术讲座、活动策划等内容。学校可以与班主任、教师、学生代表等共同商定班会议程，确保班级中每个学生都能够从中受益。

2. 辅导员制度的建立与运作

学校应该建立辅导员制度，为每个班级指派专职或兼职的辅导员。辅导员可以是有经验的教师、辅导员或学生事务管理人员。辅导员的职责主要包括与学生保持密切联系、了解学生的学习和生活情况、提供学业指导、解答疑问、协助解决学习和生活中的问题等。辅导员还可以为学生提供心理支持和职业规划指导，帮助他们顺利度过高职院校生活的各个阶段。

3. 提供多样化的班会形式

班会形式可以多样化，以满足不同学生的需求和兴趣。除了传统的师生面对面的班会，学校还可以开展主题班会、小组讨论、座谈会、互动游戏、案例分析等形式的班会活动。这些活动可以激发学生的参与度，提高班会的活跃度和实效性。

4. 倾听学生的声音和关注学生的需求

学校和教师应积极倾听学生的声音和关注学生的需求。通过班会和辅导员制度，学校可以设立学生意见反馈渠道，鼓励学生提出问题、意见和建议。学校应及时回应学生的反馈，采取相应的改进措施，增强学生对学校和教师的信任感。

5. 激发班级活动和项目实践

班会和辅导员制度能激发班级活动和项目实践，以促进师生之间的互助合作和团队精神的发展。学校可以鼓励班级组织各类活动，如志愿服务、社区实践、文化艺术展示、学术研究项目等。这些活动可以提供学生参与实践、合作学习和团队协作的机会，增强他们的社交能力、领导能力和解决问题的能力。

（二）开放式办公室和接待时间

教师可以设立开放式办公室和接待时间，为学生提供与教师面对面交流的机会。教师可以在规定的时间段内，开放自己的办公室，供学生提问、讨论问题、寻求指导等。这种开放式的沟通环境可以增强师生之间的互动和信任，让学生感受到教师的关注和支持。

1 开放式办公室

学校可以设置专门的开放式办公室，供教师在规定的时间段内接待学生。这些办公室可以提供一个轻松和开放的环境，让学生自由进入与教师进行交流。学生可以前来咨询问题、寻求指导、讨论学术课题等。教师在开放式办公室中可以与学生进行面对面的对话，解答疑问，提供学术指导和建议。这种直接的交流方式可以帮助建立师生之间的信任和共同成长的意识。

2. 接待时间

学校可以设立教师的接待时间，指定具体时间段供学生前来咨询和交流。教师可以在这段时间内专门为学生保留时间，解答学生的问题，提供学术和生活上的建议。让学生提前安排自己的时间，确保与教师的交流得到更好的保障。同时，教师也能够有充足的时间和精力回答学生的问题，提供更专业的指导。

3. 促进互动和合作

开放式办公室和接待时间不仅可以帮助建立师生之间的信任，还有助于促进学生之间的互助合作。在教师的办公室中，学生有机会互相交流、分享经验、讨论问题。这种同学之间的互助合作可以促进集体学习和团队精神的发展。学生可以通过相互讨论和合作，解决难题，共同提高学术水平和解决问题的能力。

（三）建立在线沟通平台

除了面对面的沟通方式，学校还可以建立在线沟通平台，如学校的在线教育平台、学生学习管理系统、教师助教软件等。通过这些平台，教师和学生可以进行即时沟通、提问答疑、交流学习心得等。在线沟通平台的建立可以打破时间和空间的限制，让师生之间的交流更加便捷和高效。

1. 在线教育平台

学校可以建立在线教育平台，提供教学资源和课程信息。这个平台可以用于教师与学生之间的课堂互动和在线讨论。学生可以在平台上提交作业、参与讨论、提出问题等。教师可以通过平台提供课程资料、发布通知、回答学生的问题等。在线教育平台不仅提供了便捷的师生沟通渠道，还促进了学生之间的交流和合作。

2.学生学习管理系统

学校可以建立学生学习管理系统，用于学生的学习记录、学业规划和个人指导。通过这个系统，学生可以查看自己的学习进度、课程成绩、学业规划等。同时，学生也可以向教师发送学习上的问题和困惑，并获得教师的及时反馈和指导。学生学习管理系统提供了一个便捷的在线沟通平台，让学生和教师之间的交流更加高效和方便。

3.教师助教软件

学校可以提供教师助教软件，帮助教师更好地组织和管理课程。教师可以通过软件发布课程信息、安排作业、批改作业等。同时，学生也可以通过软件进行作业提交和在线讨论。教师助教软件创建了一个在线的交流和互动平台，促进了教师与学生之间的沟通和合作。

通过建立在线沟通平台，师生之间的交流不再受时间和空间的限制。学生可以在任何时间、任何地点与教师进行互动和交流，提出问题、寻求指导。教师也可以更及时地回答学生的疑问和问题，提供个性化的指导和支持。在线沟通平台为师生之间建立了更加便捷和高效的沟通渠道，有助于建立信任和合作的良好氛围。

二、提供个别指导和支持

教师可以通过个别辅导、课后答疑等方式，为学生提供个性化的指导和支持。通过与学生的深入交流，了解他们的学习和生活情况，帮助他们解决问题和困惑，促进学生的个人成长和发展。

（一）个别辅导

教师可以安排个别辅导时间，与学生进行一对一的交流和指导。在个别辅导中，教师可以针对学生的学习情况、困惑和问题进行深入了解，并提供个性化的解决方案和指导。通过个别辅导，学生能够得到更加专注和详细的指导，教师也能更好地了解学生的学习需求和困难，建立起师生之间的信任和沟通。

1.确定辅导目标

教师在个别辅导开始前，应与学生明确辅导的目标和重点。这有助于确保辅导的针对性和有效性。目标可以包括理解特定概念、解决特定问题、提高特定技能等。教师还可以与学生一起制订明确的行动计划，以实现辅导目标。

2.系统性评估学生需求

在个别辅导过程中，教师应通过与学生的交流和观察，全面了解学生的学习需求和困难。可以通过提问、解释问题、观察学生的学习行为等方式收集相关信息。这样，教师可以更好地把握学生的学习情况，有针对性地提供帮助和指导。

3.个性化指导和解决方案

基于对学生需求的评估，教师可以提供个性化的指导和解决方案。包括针对学生的特定问题和困惑进行详细解释、示范演示、提供额外的学习材料等。教师可以根据学生的学习风格和能力水平，调整辅导策略和方法，以确保学生能够理解和掌握所学内容。

4.鼓励学生参与互动和提问

个别辅导是学生与教师之间的密切交流。教师应鼓励学生积极参与互动，提出问题和疑惑。教师可以通过提问、引导讨论等方式激发学生的思考和参与，帮助他们更好地理解和应用知识。同时，教师还可以通过解答学生的问题，帮助他们克服困难，建立学习自信心。

（二）课后答疑

教师可以安排课后答疑时间，为学生解答课程中的问题和疑惑。学生可以在课后向教师提问、寻求答案，教师提供有针对性的解释和辅导。通过课后答疑，学生能够更好地理解课程内容，弥补学习中的漏洞，提高学习效果。教师的耐心回答和个性化指导，有助于学生建立对教师的信任，并激发其主动学习的动力。

1.定期安排答疑时间

教师应在课程安排中预留特定的时间，专门用于课后答疑。这样，学生就可以在课后向教师提问、寻求答案。定期安排答疑时间可以帮助学生合理规划学习时间，及时解决问题，提高学习效果。

2.提供针对性的解释和指导

在课后答疑过程中，教师应根据学生的问题和疑惑，提供具体、清晰的解释和指导。教师可以用简单明了的语言解释难点，提供示范演示，或者给予额外的学习材料和资源。有针对性的解释和指导有助于学生更好地理解和掌握课程内容。

3.鼓励学生主动提问

教师应鼓励学生在课后答疑中主动提问。提问是学生思维的体现，通过提问，学生可以澄清疑惑、深入思考问题，并与教师进行互动和探讨。教师可以积极倾听学生的问题，给予耐心回答，鼓励学生表达自己的观点和想法。

（三）学业规划和指导

教师可以为学生提供学业规划和职业指导。通过个别会谈或小组讨论，教师可以与学生探讨他们的兴趣、优势和目标，帮助他们制定合理的学业规划，并提供相关的指导和建议。教师的个性化指导可以帮助学生更好地了解自己的优势和发展方向，提高学习的针对性和目标感。

1.了解学生的兴趣和目标

教师可以通过个别会谈、问卷调查等方式与学生进行深入交流，了解他们的兴趣、优势和职业目标。这有助于教师了解学生的个人情况，为他们提供更加个性化的学业规划和指导。

2.提供学业规划指导

教师可以与学生一起制定学业规划，包括课程选择、学习计划、实习实践等方面。教师可以帮助学生评估自己的学术能力、职业兴趣和发展需求，为他们提供相关的建议和指导。这可以帮助学生明确学习目标，合理安排学习时间和资源，提高学习效果。

3. 提供职业指导和就业支持

除了学业规划，教师还可以为学生提供职业指导和就业支持。教师可以介绍不同职业领域的就业前景、要求和发展路径，帮助学生了解职业选择的可能性。教师还可以提供关于实习、就业准备和职业技能培养等方面的指导，帮助学生为将来的就业做好准备。

4. 持续跟进和评估

学业规划和指导不是一次性的活动，而是一个持续的过程。教师应与学生保持联系，并定期进行跟进和评估。教师可以与学生讨论他们的学习进展、职业目标的调整和发展需求的变化，以及制订相应的调整计划。

5. 提供资源和信息支持

教师可以为学生提供相关的学习资源、职业信息和就业机会。包括推荐书籍、网络资源、职业指导平台等。教师还可以与其他学校部门和行业合作，组织职业讲座、企业实地考察等活动，为学生提供更广阔的职业发展视野。

（四）心理支持

个别指导和支持还可以包括提供心理支持。教师可以倾听学生的情感和心理压力，帮助他们有效应对挑战和困难。在个别辅导中，教师可以提供情感支持、鼓励和心理调适的建议，帮助学生保持良好的心态和情绪状态。

1. 倾听与理解

教师在个别辅导中应倾听学生的情感表达，并表达理解和同理心。教师可以为学生创造一个开放、包容的环境，让他们感受到被理解和支持。通过倾听，教师能够更好地了解学生的情绪和心理需求。

2. 情绪管理

教师可以教授学生有效的情绪管理技巧和策略。包括如何识别和理解自己的情绪，如何应对压力和挫折，以及如何通过积极的思维方式来调整情绪。教师可以分享情绪管理的实用技巧，并与学生一起制定适合他们的个人应对方案。

3. 鼓励和赞扬

教师应该给予学生积极的鼓励和赞扬，激发他们的自信心和动力。教师可以通过认可学生的努力和进步，提高他们的自我价值感和自尊心。鼓励和赞扬可以帮助学生建立积极的心态，克服自我怀疑和消极情绪。

4. 心理调适策略

教师可以教授学生一些简单的心理调适策略，帮助他们应对学习和生活中的压力和挑战。包括放松技巧、正念练习、积极思考和问题解决等。教师可以与学生分享这些技巧，并指导他们在实际生活中运用。

5. 转介和引导

如果学生面临较大的心理困扰或情绪问题，教师可以及时转介学生到专业的心理咨询机构或学校的心理咨询中心。这些专业机构和咨询师可以提供更深入的心理支持和辅导，帮助学生解决更复杂的心理问题。

通过提供心理支持，教师可以帮助学生更好地应对学习和生活中的心理压力，增强他们的心理韧性和适应能力，为学生的个人发展和学业成功打下坚实的基础。同时，学校也可以加强心理健康教育，因为心理支持的重要性在高职院校德育教学中不可忽视。

三、鼓励同学之间的互助合作

学校可以组织各类团队项目和合作学习活动，鼓励学生之间互相帮助、互相学习。这可以通过小组讨论、合作研究、项目实践等形式实现。学校还可以设立学生互助平台，促进学生之间的资源共享和互助支持。

（一）小组讨论和合作研究

教师可以组织小组讨论和合作研究的活动，让学生在小组中交流和分享知识。这种形式的学习活动鼓励学生之间的合作与互动，激发他们的学习兴趣和创造力。通过小组讨论和合作研究，学生可以互相帮助、互相启发，共同提升学习成果。

1. 小组讨论的设计和组织

教师可以根据教学目标和内容设计小组讨论的题目和任务。在小组讨论中，教师可以通过引导问题、发起讨论等方式激发学生的思考和互动。同时，教师应组织小组的形成，确保每个小组成员都有机会参与和奉献。

2. 制定讨论规则和角色

为了保证小组讨论的有效性，教师可以制定讨论规则和角色分工。例如，每个小组成员轮流发言、尊重他人观点、鼓励积极参与等。此外，可以设立相应角色，如组长、记录员、时间管理者等，确保讨论能顺利进行。

3. 鼓励知识分享和协作学习

小组讨论和合作研究鼓励同学之间的知识分享和协作学习。学生可以分享自己的观点、经验和知识，共同探讨问题，从不同角度思考和解决问题。通过互相启发和学习，学生可以拓宽自己的视野，加深对学习内容的理解。

4. 促进批判性思维和创新思维

小组讨论和合作研究能够激发学生的批判性思维和创新思维。在讨论中，学生可以提出不同的观点和理由，进行逻辑思辨，互相挑战和完善自己的观点。这有助于培养学生的批判思维能力，并激发他们的创新思维和解决问题的能力。

（二）项目实践和社区服务

学校可以组织项目实践和社区服务活动，让学生在实践中学习与应用知识。这些活动鼓励学生之间的协作与互助，培养他们的实践能力和社会责任感。学生在项目实践和社区服务中可以共同合作、分享资源，实现互利共赢的效果。

1. 项目实践的设计与组织

学校可以设计多样化的项目实践活动，涵盖学生所学专业的实际应用领域。这些项目可以是课程项目、实验研究、创新设计、工程实践等。通过组织项目实践，学生可以应用所学知识解决实际问题，培养创新能力和实践技能。

2. 团队合作与分工

在项目实践中，学生通常以小组或团队的形式合作。教师可以指导学生合理分工，充分发挥每个成员的优势和专长。通过团队合作，学生可以互相协助、共同努力，完成项目的不同任务和阶段。团队合作不仅培养学生的合作能力，还能促进彼此之间的交流与互动。

3. 实践资源的共享与利用

在项目实践中，学生可以共享资源、知识和经验。他们可以通过分享所收集的资料、研究结果和实践经验，互相借鉴和学习。这种资源的共享与利用有助于提高项目实践的质量和效益，同时也促进同学之间的互助和合作。

4. 社区服务与公益活动

学校可以组织学生参与社区服务和公益活动，让他们将所学知识与社会实践相结合。通过社区服务，学生可以为社区提供帮助，解决社会问题，培养社会责任感和公民意识。学生可以以团队的形式参与社区服务，共同策划和实施服务项目，提升自身的实践能力和领导力。

5. 跨学科合作与跨专业交流

在项目实践和社区服务过程中，学生往往需要跨学科合作和跨专业交流。这种合作与交流促进了不同专业背景的学生之间的互助和合作，促进了跨学科的知识融合和创新思维的产生。学生可以从其他专业的同学那里获得不同的视角和专业知识，共同解决复杂问题。

6. 学生参与决策与社会影响力

通过项目实践，学生有机会参与决策和项目规划的过程。学校可以鼓励学生在项目实践中发挥主动性和创造力，让他们参与项目的决策和规划阶段。这样的参与可以增强学生的自信心和责任感，培养他们的领导能力和团队合作精神。

（三）学生互助平台

学校可以设立学生互助平台，提供一个在线的交流和资源分享平台。这个平台可以让学生发布问题、寻求帮助，并由其他学生提供答案和支持。学生互助平台可以促进学生之间的互相帮助和学习交流，形成一个互助共享的学习社区。

1. 平台功能和设计

学校可以建立一个在线的学生互助平台，提供多种功能和工具，以满足学生的学习需求。平台可以具备发布问题、回答问题、资源分享、讨论区、个人学习记录等功能。同时，平台的设计应简洁易用，方便学生进行交流和资源共享。

2.问题求助与解答

学生可以在互助平台上发布问题，并向其他同学寻求解答和帮助。其他同学可以根据自己的知识和经验，提供答案和解决方案。这种问题求助与解答的互动方式可以促进学生之间的互相帮助和学习交流，提高问题解决的效率和质量。

3.资源分享与推荐

学生互助平台可以成为资源分享和推荐的平台。学生可以在平台上分享自己整理的学习资料、笔记、教学视频等。这些资源可以帮助其他同学更好地理解和掌握学习内容。同时，学生也可以推荐优质的学习资源，如书籍、网站、应用程序等，让其他同学受益。

4.学习讨论与合作项目

学生互助平台可以设立讨论区或专门的板块，供学生进行学习讨论和合作项目的组织。学生可以在平台上组建学习小组，共同探讨学习问题，解决难题，分享心得体会。这种学习讨论与合作项目的形式有助于促进学生之间的互助合作，提高学习效果和成果。

5.学习记录与个性化推荐

学生互助平台可以记录学生的学习进度、兴趣爱好和学习成果。根据学习记录，平台可以提供个性化的推荐和建议，为学生提供更加精准和个性化的学习资源和指导。这种个性化推荐有助于满足学生的学习需求，提高学习效果和学习动力。

（四）学习小组和学业伙伴

学校可以鼓励学生组建学习小组或找到学业伙伴，共同学习和交流。学习小组可以让学生互相督促和监督学习进度，互相分享学习资料和心得体会。学业伙伴关系可以提供相互支持和鼓励，共同克服学习中的困难。

1.学习小组的形成与组织

学校可以鼓励学生自愿组建学习小组，也可以根据课程或专业的需要进行组织。学习小组可以由志趣相投的学生组成，共同学习和交流。教师可以提供指导和建议，帮助学生形成合适的学习小组。

2.相互督促与监督学习进度

学习小组可以提供相互督促和监督学习进度的机制。学生可以设立学习计划和目标，互相督促和监督彼此的学习进度。这种相互督促有助于提高学习的自律性和效果，避免拖延和学习压力的累积。

3.资料分享与心得交流

学习小组成员可以互相分享学习资料、笔记和教学资源。他们可以在小组内讨论和交流自己的心得体会，互相启发和学习。通过资料分享和心得交流，学生可以扩大自己的学习资源和视野，提升学习的深度和广度。

4.协作学习与任务分工

学习小组可以进行协作学习和任务分工。例如，小组成员可以合作完成课程项目、研究报告或实践任务。通过协作学习，学生可以发挥各自的专长和优势，共同解决问题和完成任务。任务分工可以提高效率，减轻个人的负担，实现学习目标的共同实现。

5.学业伙伴关系的建立与支持

学业伙伴关系是一种相互支持和鼓励的合作关系。学生可以寻找一个或多个学业伙伴，共同面对学习中的困难和挑战。学业伙伴可以互相提供鼓励和支持，共同制订学习计划和解决问题的策略。这种伙伴关系可以增强学生的学习动力和自信心，提高学习效果。

第三节 鼓励学生参与课堂讨论和团队活动

高职德育教学注重培养学生的综合素质和实践能力，鼓励学生积极参与课堂讨论和团队活动。通过参与课堂讨论和团队活动，学生可以发展自己的思维能力、沟通能力和合作能力。

一、课堂讨论的鼓励和引导

教师可以设定开放性问题，引导学生参与课堂讨论。鼓励学生提出自己的观点和见解，并进行相互交流和辩论。教师可以采用启发式提问和激发思考的方式，促进学生深入思考和分析问题。通过积极参与课堂讨论，学生可以培养批判性思维和表达能力。

（一）问题设置和引导

教师在课堂上设定开放性问题，鼓励学生思考和表达自己的观点。问题应具有启发性和挑战性，能够引起学生的兴趣和思考。教师可以运用引导式提问的方法，以问题引导学生深入探讨，并逐步引导学生形成自己的观点和理解。

1.开放性问题的选择

教师应根据教学目标和课程内容选择开放性问题。开放性问题通常没有唯一的正确答案，可以引发多样性的思考和观点。问题可以与课程主题、实际问题、学生经验等相关，具有启发性和挑战性。确保问题具有足够的广度和深度，引导学生进行思考和探索。

2.引导式提问的技巧

教师可以运用引导式提问的技巧，逐步引导学生思考和表达。通过逐步提问，从基础层面引导到更深入的层次。例如，教师可以先问一个简单的问题，引导学生回答后再提出更具挑战性的问题，以此扩展学生的思维和理解。教师还可以采用激发思考的问题，如逆向思维、比较对比、推理分析等。

（二）学生参与鼓励

教师应积极鼓励学生参与课堂讨论，并给予肯定和鼓励。每个学生都应有机会表达自己的观点和想法，无论其与教师观点是否一致。教师可以采用积极的肢体语言和声音语调，鼓励学生敢于发言，并给予适当的反馈和支持。

1.创设安全的学习环境

教师应创设一种安全和支持性的学习环境，让学生感到自由和舒适。学生需要知道他们的观点和意见受到尊重和重视，不会受到歧视或批评。教师可以展示开放的态度，鼓励学生发表不同的观点，并保证每个人都能被听到。

2. 积极肢体语言和声音语调

教师的肢体语言和声音语调对学生的参与和表达有重要影响。教师应保持积极的肢体语言，如鼓励性的微笑、肯定的点头和姿势，给学生传递积极的信号。同时，教师的声音语调应友好、温暖和鼓励，以传达对学生参与的支持和认可。

3. 平等对待和尊重观点

教师应平等对待每个学生的观点和意见，无论其与教师观点是否一致。每个观点都应得到尊重和认可，学生应勇敢表达自己独立思考的观点。教师可以采用肯定性的回应方式，如感谢学生的贡献、提出进一步的问题或邀请其他学生对观点进行回应。

4. 激励个体和群体表达

教师可以针对个体和群体的表现给予激励和鼓励。对于个别学生的积极参与，教师可以给予个人化的肯定和奖励，如称赞其独特的观点或深入的分析。对于整个群体的表现，教师可以公开表扬，认可大家的努力和贡献。

（三）学生互动和交流

除了与教师互动，课堂讨论还应鼓励学生之间开展互动和交流。学生可以回应彼此的观点、质疑和异议，并进行讨论和辩论。教师可以设立学生间的对话和合作机会，促进学生之间的交流与合作，培养他们的团队合作和沟通能力。

1. 建立积极互动氛围

教师应设立一个积极的互动氛围，鼓励学生回应彼此的观点和意见。可以采用问题引导方式，邀请学生针对其他同学的发言提出回应或补充观点。教师还可以通过轮流发言、小组交流等方式，增加学生之间的互动和交流机会。

2. 提倡尊重和包容

学生互动和交流的基础是尊重和包容。教师应鼓励学生尊重彼此的观点和意见，避免人身攻击和冲突。可以设立一些规则，如倾听他人、不打断他人发言、尊重不同观点等，以营造一个相互尊重和包容的学习环境。

3. 引导质疑和异议

学生互动和交流的关键是能够质疑和异议。教师可以鼓励学生在讨论中质疑，引发更深入的思考和探讨。可以运用提问技巧，如逆向思维、比较对比、推理分析等，引导学生提出更深入和有挑战性的问题。

4. 组织小组讨论和合作活动

除了整体课堂讨论，教师还可以组织小组讨论和合作活动。学生可以在小组中更自由地交流和讨论，共同探讨问题并找到解决方案。小组讨论和合作活动可以培养学生的团队合作和沟通能力，促进学生之间的互助和合作。

5.提供合作工具和资源

为了促进学生之间的互动和交流，教师可以提供合作工具和资源。例如，在课堂中使用互动白板、在线讨论平台、小组分享文档等工具，鼓励学生共享资源、互相协助。教师还可以提供相关资料和参考文献，帮助学生展开讨论和交流。

（四）探究和深入思考

课堂讨论应鼓励学生进行探究和深入思考。教师可以提出深入的问题，引导学生从不同的角度进行思考和分析。同时，教师还可以引导学生提供充分的理由和证据来支持自己的观点，培养学生的批判性思维和分析能力。

1.提出深入问题

教师在课堂讨论中应提出深入的问题，引导学生从不同的角度进行思考和分析。这些问题可以涉及不同的层面，如原因和结果、优点和缺点、影响和解决方案等。通过深入问题的引导，教师可以激发学生的思考，使他们不仅仅停留在表面，而是深入思考问题的本质和复杂性。

2.引导提供理由和证据

在课堂讨论中，教师应引导学生提供充分的理由和证据来支持自己的观点。学生需要学会从多个角度考虑问题，以及用事实、数据和实例等支持自己的论点。教师可以鼓励学生提供具体的例子、引用相关研究或专家观点，以增强其论证的可信度和说服力。

3.引导批判性思考

教师在课堂讨论中应引导学生进行批判性思考，鼓励他们质疑和评估不同观点和论证。学生需要学会质疑和挑战，检查观点逻辑的一致性和合理性。教师可以提出引导性问题，帮助学生发现论点的漏洞或假设的合理性，并引导他们进行深入的分析和提出解决方案。

4.鼓励多角度思考

在课堂讨论中，教师应鼓励学生从多个角度思考问题。学生可以从不同的视角、文化背景、学科领域等出发，探索问题的复杂性和多样性。教师可以提供不同的观点和资源，促使学生思考问题的多样性，并帮助他们发展开放和全面的思维能力。

二、小组合作与项目实践

学校可以组织小组合作和团队项目实践，让学生在团队中协作和合作。教师可以将学生分组，让他们共同完成课程项目或实践任务。在小组合作和项目实践中，学生需要相互配合、协调工作，共同解决问题和完成任务。这种团队合作可以培养学生的合作意识和团队精神。

（一）小组合作的设置

教师可以根据课程内容和学生的兴趣、专长等因素将学生分组，形成小组合作的团队。每个小组的成员应具有不同的能力和背景，以便互相补充和合作。同时，教师还可以根据项目的要求和目标，设置合适的小组规模和成员数量。

（二）项目实践的设计

教师可以设计多样化的项目实践任务，使学生能够应用所学知识和技能解决实际问题。这些项目可以涉及课程项目、实验研究、创新设计、工程实践等领域，与学生所学专业相关。通过项目实践，学生可以锻炼实践能力、团队协作和解决问题的能力。

（三）团队合作与分工

在小组合作和项目实践中，学生通常以小组或团队的形式合作。教师可以指导学生合理分工，充分发挥每个成员的优势和专长。通过团队合作，学生可以互相协助、共同努力，完成项目的不同任务和阶段。团队合作不仅培养学生的合作能力，还能促进彼此之间的交流与互动。

（四）项目实践的管理与监督

教师在小组合作和项目实践中扮演着重要的角色，需要进行管理和监督。教师可以定期与小组成员进行沟通，了解项目进展情况，提供指导和支持。同时，教师还可以安排团队会议，让学生共享进展、交流经验，并解决遇到的问题。

三、角色扮演和模拟演练

通过角色扮演和模拟演练，学生可以在虚拟的场景中进行实践和探索。例如，学生可以扮演不同角色参与模拟商务谈判、案例分析、演讲比赛等活动。这种实践方式可以培养学生的领导能力、沟通能力和问题解决能力。

（一）模拟商务谈判

教师可以组织模拟商务谈判活动，让学生扮演不同角色，如销售代表、客户、经理等，在虚拟的商务场景中进行谈判。学生需要运用自己的沟通技巧、商业知识和解决问题的能力，以达成双方的利益最大化。

1.场景设定和角色扮演

教师可以设计真实的商务场景，例如，销售代表与客户之间的谈判、供应商与经理之间的合同谈判等。学生可以扮演不同角色，在模拟的场景中体验商务谈判的过程和挑战。角色扮演可以帮助学生更好地理解各方的利益和需求，并锻炼他们在不同角色下的沟通和谈判技巧。

2.目标设定和策略制定

在模拟商务谈判活动中，学生需要为自己的角色设定明确的目标，并制定相应的谈判策略。他们需要考虑自己的底线、利益点及对方可能的需求和利益，以达成双方的利益最大化。教师可以引导学生思考和规划自己的目标和策略，并就其有效性进行讨论和反思。

3.沟通技巧和谈判技巧

学生需要运用有效的沟通技巧和谈判技巧来与对方进行互动和交流。这些技巧包括积极倾听、提出问题、陈述观点、展示利益等。教师可以教授相关的沟通和谈判技巧，并通过角色扮演的实践提供反馈和指导。学生可以通过反馈和经验积累不断改进自己的沟通和谈判能力。

（二）案例分析和解决

通过案例分析和解决活动，学生可以在模拟的情境中分析和解决实际问题。教师可以提供真实的案例，学生扮演相关角色，通过讨论和协作，找出问题的根源，并提出可行的解决方案。这样的活动可以培养学生的分析思维、判断能力和团队合作精神。

1. 真实案例的选择和设计

教师可以选择与课程内容相关的真实案例，或者设计虚构的情境来模拟实际问题。案例应具有挑战性和现实性，能够引发学生的兴趣和思考。教师可以根据学生的学习目标和能力水平，选择适当的案例和难度。

2. 小组讨论和合作分析

学生可以以小组形式讨论和分析案例，共同探讨问题的根源、背景和相关因素。小组成员可以提出不同的观点和解决方案，并进行合作讨论和协商。教师可以充当指导者的角色，引导学生思考问题，激发创造性思维。

3. 问题分析和诊断

学生需要对案例中的问题进行分析和诊断，找出问题的本质和原因。他们可以运用课程中学到的理论和知识，结合实际情况进行分析。学生应该提出相关的问题和假设，并通过收集和分析相关数据支持自己的观点。

4. 解决方案的制定和评估

学生需要基于问题分析，提出可行的解决方案。他们应考虑各种可能的解决方案，并评估其优缺点、可行性和实施效果。学生可以进行讨论和辩论，以确定最佳的解决方案，并展示其理论和实践的支持。

（三）演讲比赛和辩论赛

教师可以组织演讲比赛和辩论赛，让学生扮演演讲者和辩论者的角色。学生需要准备演讲稿或辩论观点，并在演讲或辩论中表达自己的观点和理论。这样的活动可以培养学生的公众演讲能力、逻辑思维和辩论技巧。

1. 主题选择和准备

教师可以为演讲比赛和辩论赛设定主题，或者让学生选择感兴趣的话题。学生需要进行主题的研究和准备，收集相关的信息和论据，以支持他们的演讲或辩论观点。教师可以提供指导，帮助学生确定主题的范围和目标。

2. 演讲技巧和表达能力

学生需要学习和运用演讲技巧，包括声音的控制、肢体语言的运用、口才的训练等。教师可以教授演讲技巧，并提供实践和反馈。学生可以通过反复练习和模仿优秀的演讲者提高自己的表达能力和说服力。

3. 辩论技巧和逻辑思维

在辩论赛中，学生需要掌握辩论技巧和逻辑思维。他们需要学习如何提出有力的论据、反驳对方的观点、进行逻辑推理和辩证思考。教师可以教授辩论技巧，并引导学生进行模拟辩论和实践。

四、学生主导的讨论和项目

为了激发学生的主动性和创造力，学校可以鼓励学生主导讨论和项目活动。例如，学生可以选择自己感兴趣的课题进行深入研究和讨论，组织学术研讨会或项目展示。这种学生主导的讨论和项目可以激发学生的学习热情和创新思维，提高他们的学术能力和领导能力。

（一）学生选题和项目选择

学校可以为学生提供选择自己感兴趣的课题或项目的机会。学生可以根据自己的兴趣、专业背景和学习目标选择适合的主题。学校可以提供相关的资源和指导，帮助学生进行选题和项目选择，并确保其与课程目标和学校的发展方向相符。

1. 提供多样化的选题和项目选项

学校应提供丰富多样的选题和项目选项，涵盖不同学科领域和专业方向。这样可以满足学生的兴趣和需求，同时也激发他们的学习热情和创造力。选题和项目可以涉及科学研究、技术创新、社会调研、文化探索等多个领域，以适应学生的不同兴趣和发展方向。

2. 提供资源和指导支持

学校可以提供必要的资源和指导支持，帮助学生进行选题和项目选择。这包括提供相关的文献资料、研究设备、实践场地等，以支持学生开展研究或实践活动。学校还可以选派教师或导师担任学生的指导老师，提供专业知识和指导意见，帮助学生确定研究方向、制订项目计划和解决问题。

3. 考虑学科发展和社会需求

学校在提供选题和项目选项时，应考虑学科的发展趋势和社会需求。选择与时代发展和社会问题紧密相关的选题和项目，可以使学生的研究或实践活动具有更大的意义和影响力。学校可以与相关行业、企业、社区等合作，了解其需求和问题，为学生提供与之相关的选题和项目选项。

（二）学生团队组建和合作

学生可以自行组建小组或团队，共同参与选定的讨论和项目活动。团队成员可以根据自己的专长和兴趣分工合作，共同完成项目的不同阶段和任务。学校可以提供相关的团队合作培训和支持，帮助学生发展团队合作和沟通能力。

1. 自主组建团队

学生可以自行组建小组或团队，共同参与选定的讨论和项目活动。他们可以根据自己的专长、兴趣和学习目标来选择合适的团队成员。学校可以提供相关的指导和支持，帮助学生了解团队合作的重要性，并提供团队组建的指导原则和方法。

2. 分工合作

团队成员可以根据自己的专长和兴趣进行分工合作，充分发挥每个成员的优势和能力。分工可以根据项目的不同阶段或任务来进行，确保团队成员的工作互补和协同。学生可以通过明确分工和角色，提高工作效率和质量，并实现团队目标的共同实现。

3. 沟通与协调

团队合作需要良好的沟通和协调。学生应建立起积极、开放和尊重的沟通氛围，鼓励团队成员之间进行意见交流和反馈。沟通渠道可以包括面对面会议、在线讨论平台、共享文档等方式。团队成员应及时沟通和协商，解决问题和冲突，确保团队合作的顺利进行。

4. 目标设定和任务分解

团队成员应共同制定清晰的目标，并将其分解为具体的任务和阶段性的里程碑。目标的设定应具体、可衡量和可达成，以确保团队成员都明确自己的任务和责任。任务分解可以帮助团队成员理解项目的整体结构和关键节点，确保工作按计划进行，并及时调整和协调。

5. 团队合作技能培养

学校可以提供团队合作技能的培养和发展机会，帮助学生提升团队合作和协作能力。这可以包括团队合作培训、项目管理培训、冲突解决和协商技巧等方面的指导。培养团队合作技能可以让学生更好地适应工作环境中的团队合作要求，并在团队合作中展现领导力和责任感。

（三）研究和调研

学生可以通过独立研究和调研来支持他们的讨论和项目活动。他们可以收集和分析相关的文献资料、实地调研数据或采访专家，以提供深入的理论支持和实证数据。学校可以提供图书馆资源、实验室设施和指导教师的支持，帮助学生进行研究和调研工作。

1. 研究目的和问题

学生在进行独立研究和调研之前，需要明确自己的研究目的和问题。他们可以选择并讨论和项目活动相关的话题或领域，并确定明确的研究问题。研究问题应该具有一定的深度和挑战性，有助于学生深入探索和发现新的知识。

2. 文献综述和数据收集

学生可以通过文献综述和数据收集来支持研究工作。他们可以利用图书馆资源、学术数据库和互联网等渠道，收集与研究问题相关的文献资料。同时，他们还可以进行实地调研、采访专家或使用调查问卷等方法，收集实证数据和真实观点。

3. 数据分析和解释

在收集到足够的数据后，学生需要进行数据分析和解释。他们可以使用统计软件、图表和图形等工具，对数据进行定量或定性分析。分析的结果应与研究问题相联系，并提供对问题的解释和见解。学生需要运用批判性思维和逻辑推理，准确分析和解读研究结果。

4. 结论和讨论

在完成数据分析后,学生应对研究结果进行总结讨论。他们应总结研究的主要发现,回答研究问题,并分析结果的意义和影响。学生可以将研究结果与现有理论、实践或现实情况相联系,提出自己的见解和观点,并指出研究的局限性和未来研究的方向。

5. 学校支持和指导

学校可以提供图书馆资源、实验室设施和获取指导教师的支持,帮助学生进行独立研究和调研。图书馆可以提供学术期刊、专业书籍和数据库,帮助学生获取相关文献资料。实验室设施可以支持学生进行实地调研和数据采集工作。指导教师可以提供专业指导和反馈,帮助学生设计研究方法、解读数据和撰写研究报告。

(四)讨论和分享活动

学生可以组织讨论会、学术研讨会或项目展示,与其他同学、教师和专业人士分享自己的研究成果和项目成果。这样的活动可以提供学术交流和互动的平台,激发创新思维和学术探索,同时也增强学生的演讲和表达能力。

1. 讨论会

学生可以组织小组讨论会,讨论特定的主题或问题。讨论会可以采用小组讨论、座谈会或研讨会等形式。学生可以邀请其他同学、教师或专业人士参与讨论,并分享自己的观点和见解。讨论会提供了一个互动和思想碰撞的平台,激发学生的创新思维和批判性思考。

2. 学术研讨会

学生可以组织学术研讨会,邀请同学、教师和专业人士分享他们的研究成果。学术研讨会可以包括口头报告、海报展示和专题讨论等形式。学生可以准备研究报告、研究海报或研究摘要,并向其他参与者展示和讨论自己的研究工作。学术研讨会提供了一个学术交流和互动的平台,让学生有机会展示自己的研究成果,并从其他人的反馈中获得启发和提升。

3. 项目展示

学生可以组织项目展示,展示他们在课程或实践项目中的成果。项目展示可以采用展板、演示文稿或实物展示的形式,学生可以展示项目的目标、方法和结果。通过项目展示,学生有机会向其他人展示自己的创意和工作成果,同时也能够从其他人的反馈中获得进一步改进和发展的方向。

4. 演讲比赛

学生可以组织演讲比赛,邀请其他同学参与。演讲比赛可以设定特定的主题或话题,学生需要准备演讲稿并在比赛中展示自己的演讲技巧和表达能力。演讲比赛提供了一个展示个人才华和提高演讲能力的机会,同时也让学生在表达自己观点的同时,懂得尊重和倾听他人的观点。

这些讨论和分享活动不仅促进了学术交流和互动,还为学生提供了展示自己才能和能力的平台。通过参与这些活动，学生能够提高自己的研讨、表达能力，增强自信心，并从他人的反馈和建议中找到方向，不断改进和成长。

第五章 高职院校德育教学设计德育课程

第一节 设计德育课程内容和教学方法

一、高职院校德育课程的内容

（一）文化与多元教育

德育课程中的文化与多元教育旨在培养学生的文化意识和多元思维，使他们能够欣赏、尊重和理解不同文化背景的人群。课程内容可以包括跨文化交流、多元文化教育、文化差异等方面的内容。通过参与文化活动、进行文化研究和参与国际交流，学生可以拓宽自己的文化视野，增进对其他文化的了解和尊重。这有助于培养学生的跨文化交流能力和包容性，为他们在多元社会中做出积极贡献。

1. 跨文化交流

德育课程可以通过跨文化交流的教学活动帮助学生跨越语言和文化障碍，增进不同文化之间的理解和沟通。课程可以包括语言学习、文化体验和文化交流等方面的内容。学生可以学习其他国家或地区的语言，了解其文化背景和传统习俗。通过与外国学生交流、参与国际交流项目或国际学术研讨会，学生可以实践跨文化交流技巧，培养自己的国际视野和全球意识。

2. 多元文化教育

德育课程可以通过多元文化教育培养学生对多元文化的尊重和理解。课程可以包括多元文化教育理论、多元文化教学方法和多元文化教育实践案例等方面的内容。学生可以学习各个文化背景的历史、价值观、习俗和传统，了解不同文化之间的差异和共同之处。通过多元文化教育项目、文化展示和文化交流活动，学生可以积极参与、体验和展示不同文化的独特之处，增进对多元文化社会的认知和适应能力。

3. 文化差异

德育课程应关注不同文化之间的差异，帮助学生理解并尊重这些差异。课程可以探讨不同文化背景下的价值观、行为规范、社会习俗和传统。学生可以通过案例分析、讨论和互动活动，深入了解文化差异的原因和影响。课程还可以引导学生思考如何在多元文化环境中建立和谐共处的方式，培养学生的文化敏感性和跨文化适应能力。

4. 文化活动与体验

德育课程可以组织各种文化活动和体验，为学生提供亲身体验和参与的机会。这些活动可以包括参观博物馆、艺术展览、传统节日庆祝、文化表演等。通过参与文化活动和体验，学生可以深入了解各种文化的艺术、音乐、舞蹈、戏剧等表现形式，感受不同文化背景下的审美观念和情感体验。这样的体验可以激发学生的创造力和想象力，拓宽他们的文化视野，培养他们对多元文化的欣赏和尊重。

（二）创新与创业教育

德育课程中的创新与创业教育旨在培养学生的创新思维和创业能力，使他们具备创新创业的意识和能力。课程内容可以包括创新思维培养、创业理念与知识、市场营销等方面的内容。通过参与创新创业讲座、创业竞赛和企业参访等教学活动，学生可以激发创新思维，了解创业过程，并培养实践创业的能力。这有助于培养学生的创新精神、问题解决能力和实践能力，为他们未来的职业发展打下基础。

1. 创新思维培养

德育课程可以通过培养创新思维来激发学生的创新潜能。课程内容可以包括创造力的培养、问题解决技巧、设计思维等方面的内容。学生可以学习各种创新方法和工具，如头脑风暴、思维导图、故事板等，以提升他们的创新能力和创新意识。通过案例分析、小组讨论和实践活动，学生可以运用创新思维解决实际问题，并发展出具有创新性和可行性的想法。

2. 创业理念与知识

德育课程可以介绍创业的基本理念、创业过程和创业所需的知识和技能。课程内容可以包括商业计划书的编写、市场调研、产品开发、财务管理等方面的内容。学生可以学习创业案例，了解成功创业者的经验和教训。通过模拟创业项目、创业竞赛和企业参访等活动，学生可以深入了解创业过程，学习实践中的创新和管理技巧，为未来的创业实践做好准备。

3. 市场营销与商业模式

德育课程可以介绍市场营销的基本概念和技巧，以及创业中的商业模式设计。课程内容可以包括市场调研、品牌推广、销售策略等方面的内容。学生可以学习市场营销的基本原理，了解市场需求和竞争情况，掌握市场营销的策略和工具。同时，学生还可以学习不同的商业模式，如零售商业模式、在线平台模式、社交媒体模式等，了解不同模式的特点和运作方式，培养创业时的商业眼光和商业智慧。

4. 创新创业讲座与嘉宾演讲

德育课程可以邀请创新创业领域的专家和成功创业者来举办讲座和嘉宾演讲。这样的讲座和演讲可以为学生提供创新创业领域的实践经验和行业见解。专家和成功创业者可以分享他们的创业故事、创新思维和创业经验，激发学生的创新创业热情，并提供实用的指导和建议。学生可以从专家和成功创业者的经验中获得启示，了解创新创业的挑战和机遇，为自己的创新创业之路做好准备。

5. 创业竞赛与项目实践

德育课程可以组织创业竞赛和项目实践活动，为学生提供实践创业的机会。创业竞赛可以激发学生的创业创新潜能，让他们通过创意提案、商业计划书等形式展示自己的创新创业想法。项目实践活动可以让学生亲身参与创业项目的策划、实施和管理，锻炼他们的团队合作、项目管理和问题解决能力。通过参与创业竞赛和项目实践，学生可以将创新创业理论与实践相结合，提升自己的实际创业能力和经验。

6. 企业参访与合作

德育课程可以组织学生进行企业参访和合作，让学生亲身了解企业的运营模式、创新实践和市场需求。学生可以参观创业企业、中小企业或跨国公司，与企业创始人或经理进行交流，了解企业的创新经验和成功案例。学校还可以与企业合作，开展创新创业项目，让学生在实践中感受创业的挑战和机遇，与企业合作解决实际问题，获得宝贵的创新创业经验。

德育课程中的创新与创业教育内容涵盖了创新思维培养、创业理念与知识、市场营销与商业模式、创新创业讲座与嘉宾演讲、创业竞赛与项目实践，以及企业参访与合作等方面。这些内容旨在培养学生的创新精神、创业能力和实践能力，使他们能够在创新创业领域中发挥出色，为社会和经济发展做出贡献。

（三）社交礼仪与职业形象

德育课程中的社交礼仪与职业形象旨在培养学生良好的社交能力和职场素养。课程内容可以包括社交礼仪、职业形象塑造、沟通技巧等方面的内容。通过参与培训课程、模拟场景训练和职业形象指导等教学活动，学生可以学习社交礼仪的基本准则、职场形象的打造和有效沟通的技巧。这有助于提升学生的社交技巧和职业形象，增强他们在职场中的竞争力和适应能力。

1. 社交礼仪

德育课程可以教授学生各种社交礼仪的基本准则和规范，包括言谈举止、礼貌待人、形象仪态等方面的内容。学生将学习如何正确地与他人交往，如何尊重他人的感受，以及如何表现得体和自信。课程可以通过示范、模拟情境和角色扮演等教学方法，帮助学生实践社交礼仪，并提供针对性的反馈和指导。

2. 职业形象塑造

德育课程可以帮助学生塑造自己的职业形象，包括仪表仪容、穿着打扮、形象语言等方面的内容。学生将学习如何根据不同场合的要求，选择合适的服装和形象，以展现自己的专业素养和职业态度。课程可以通过形象指导、形象设计比赛和职业形象咨询等方式，帮助学生了解职场形象的重要性，掌握职业形象塑造的技巧。

3. 沟通技巧

德育课程可以培养学生有效的沟通技巧，包括口头表达、听力技巧、非语言沟通等方面的内容。学生将学习如何清晰地表达自己的想法，如何倾听他人的观点，以及如何利用身体语言和面部表情进行有效的沟通。课程可以通过角色扮演、小组讨论和演讲训练等教学方法，提升学生的沟通技巧和表达能力。

4. 职业道德与职业素养

德育课程还可以关注职业道德和职业素养的培养。学生将学习职业道德的基本原则和职业素养的核心要素，如诚信、责任、专业性、团队合作等。课程将引导学生认识到职业道德对职业发展的重要性，培养他们做出道德和职业上正确决策的能力。

5. 商务礼仪

德育课程可以教授学生商务场合的礼仪规范和行为准则。学生将学习如何在商务会议、商务晚宴和商务交往中展示专业和得体的礼仪。课程可以通过案例分析、角色扮演和实地观察等方式，让学生熟悉商务场合的礼仪要求，培养他们在商务环境中的自信和应对能力。

6. 面试技巧

德育课程可以培养学生面试的技巧和准备能力。学生将学习如何在面试中展示自己的优势和专业素养，如何回答问题和展示沟通能力。课程可以包括面试模拟、面试技巧培训和个人简历撰写等内容，帮助学生提升面试的自信心和成功率。

7. 商务沟通

德育课程可以教授学生在商务环境中进行有效沟通的技巧和策略。学生将学习如何与客户、同事和上级进行有效的商务沟通，包括书面沟通、口头沟通和电子沟通。课程可以通过案例分析、角色扮演和团队合作项目等方式，让学生熟悉商务沟通的要素和技巧，提升他们的沟通能力和团队协作能力。

8. 网络礼仪

随着互联网和社交媒体的发展，德育课程还可以关注学生在网络空间中的礼仪和形象建设。学生将学习如何在社交媒体平台、电子邮件和在线聊天中保持专业和得体的表达方式。课程可以包括网络礼仪的基本原则、隐私保护和网络安全等内容，帮助学生在网络空间中树立良好的形象和声誉。

德育课程中的社交礼仪与职业形象内容涵盖了社交礼仪、职业形象塑造、沟通技巧、职业道德与职业素养、商务礼仪、面试技巧、商务沟通和网络礼仪等方面。这些内容旨在帮助学生培养良好的社交能力、塑造职业形象，增强他们在社交和职业场合中的竞争力和适应能力。通过德育课程的指导和培养，学生将能够在社交场合中展现出得体的行为举止、尊重他人的态度和自信的沟通能力。他们将学会如何塑造职业形象，包括仪表仪容的管理、职业装扮的选择和言谈举止的规范。同时，他们还将掌握有效的沟通技巧，包括口头表达、非语言沟通和书面沟通等，以提升与他人的互动和协作能力。

（四）社会实践与志愿服务

德育课程中的社会实践与志愿服务旨在鼓励学生参与社会实践和志愿服务，使他们积极参与社会事务并体验社会责任。课程内容可以包括社区服务、环境保护、扶贫助学等方面的内容。通过参与社会实践项目、志愿者活动和社会公益项目等教学活动，学生可以关注社会问题，培养社会责任感和公益意识。这有助于拓宽学生的视野，增强他们的团队合作能力、领导能力和社会参与意识。

1. 社区服务

德育课程可以鼓励学生参与社区服务活动，与社区居民合作解决问题，改善社区环境和生活品质。例如，学生可以组织社区清洁活动、社区文化节庆、社区健康宣传等，为社区居民提供实际帮助和支持。通过社区服务，学生可以增进对社区发展的了解，培养关爱社区和团队合作的意识。

2. 环境保护

德育课程可以引导学生关注环境问题，并参与环境保护行动。例如，学生可以参与植树活动、垃圾分类推广、环境教育宣传等，增强环境保护意识和行动能力。他们可以了解环境污染和资源浪费的影响，通过实际行动改善和保护环境，促进可持续发展。

3. 扶贫助学

德育课程可以鼓励学生参与扶贫助学项目，为贫困地区的学生提供帮助和支持。例如，学生可以组织募捐活动、志愿教学、支教实践等，改善贫困地区的教育资源和学生的学习条件。通过扶贫助学，学生可以增进对贫困现象的认识和理解，培养关爱他人、服务社会的精神。

4. 社会调研

德育课程可以引导学生进行社会调研活动，深入了解社会问题和社会现象。学生可以选择感兴趣的社会议题，进行调查研究、数据收集和分析，探索问题的根源和解决方案。通过社会调研，学生可以锻炼科学研究的能力，培养批判性思维和问题解决能力。

5. 志愿者活动

德育课程可以鼓励学生参与志愿者活动，为弱势群体提供支持和帮助。学生可以参与志愿者组织，如扶贫机构、残障人士服务机构、养老院等，为这些群体提供陪伴、关爱和帮助。他们可以参与志愿者培训，学习如何与弱势群体有效沟通、理解他们的需求，并提供相应的支持。通过志愿者活动，学生可以培养同理心和责任感，感受到帮助他人的乐趣和成就感。

6. 社会公益项目

德育课程可以鼓励学生参与社会公益项目，为社会问题和社会福利事业做出贡献。学生可以参与公益机构的活动，如义工服务、公益演出、社会公益宣传等，为弱势群体争取权益、提升社会意识。通过参与社会公益项目，学生可以认识到社会问题的复杂性和严重性，积极参与社会事务，为社会发展做出积极贡献。

7. 反贫困教育

德育课程可以关注反贫困教育，培养学生关注社会贫困问题的意识，并提供相应的教育支持。学生可以参与贫困地区的教育支援计划、希望工程等活动，为贫困学生提供学习资源、学习辅导和教育培训。通过反贫困教育的参与，学生可以体验贫困现象对教育机会的影响，增强对教育公平的关注和追求。

8.社会责任感与领导能力

通过社会实践与志愿服务的参与，培养学生的社会责任感和领导能力。学生在参与活动过程中，需要与他人合作、组织和管理项目，从而锻炼领导才能和团队合作能力。同时，他们还能感受到自己的影响力和责任感，激发对社会问题的思考和解决方案的探索。

德育课程中的社会实践与志愿服务内容有助于学生从理论与实践相结合的角度，深入了解社会问题，增强社会责任感和公益意识。通过参与这些活动，学生可以体验到帮助他人的喜悦和成就感，培养团队合作、沟通和领导能力。同时，社会实践与志愿服务也能够促进学生的个人成长和自我发展。

（五）安全教育与法制观念

德育课程中的安全教育与法制观念旨在关注学生的安全教育和法制观念，使他们具备安全意识和法律素养。课程内容可以包括安全知识、法律法规、个人权益等方面的内容。通过安全教育讲座、法制教育课程和模拟法庭等教学活动，学生可以了解个人和社会安全的重要性，掌握基本的法律法规，增强法制观念和法律素养。这有助于增强学生的安全防范意识，培养他们遵纪守法的行为准则，为个人发展和社会稳定做出贡献。

1.安全知识教育

德育课程可以提供全面的安全知识教育，涵盖日常生活、校园和社会各个方面的安全问题。学生可以学习火灾、地震、交通事故等常见安全事件的应急措施和防范方法。他们还可以了解网络安全、人身安全、食品安全等现代社会中的安全问题，并学习如何预防和应对这些问题。

2.法律法规教育

德育课程可以引导学生了解基本的法律法规，培养他们的法治观念和法律素养。学生可以学习国家法律体系、法律权益保护、法律责任等方面的知识。通过案例分析和讨论，学生可以了解法律在社会中的作用和意义，并学会正确对待和遵守法律法规。

3.个人权益保护

德育课程可以关注学生的个人权益保护，教授他们如何维护自己的合法权益。课程可以包括个人信息保护、知识产权保护、消费者权益保护等方面的内容。学生可以学习如何正确处理个人隐私、防范网络诈骗、了解知识产权的重要性等。这有助于提高学生对自身权益的认知，并培养他们积极维护自身权益的能力。

4.法制观念与公民责任

德育课程可以培养学生的法制观念和公民责任感。学生可以了解法律的普遍性和公正性，认识到法律是社会秩序的基石。通过案例分析、法庭模拟和法律道德讨论等教学活动，学生可以思考个人与社会、个人责任与公共利益之间的关系。这有助于培养学生的法治思维和遵纪守法的意识，引导他们成为守法、公正、负责任的公民。

5.安全防范与自我保护技能

德育课程可以教授学生安全防范和自我保护的技能，提高他们在面临危险或紧急情况时的应对能力。学生可以学习自我防护的基本技巧，如自救、逃生、急救等。他们还可以了解常见的安全风险和犯罪形式，学习如何警惕和预防潜在的危险。通过模拟演练和实际操作，学生可以增强应急反应和自我保护的能力。

二、优化思政课程德育主渠道

思政课教学是高校德育的主阵地。相比传统理论灌输式的思政课教学效果不能令人乐观，活动德育模式的效果相对较好。既然如此，我们很有必要自觉运用活动德育模式。然而，深入挖掘活动德育模式的理论依据是我们自觉运用该模式的理论先导。不仅如此，在互联网日渐普及的背景下，我们又不得不积极顺势而为，顺应时代要求，努力探索借助网络工具和平台，利用好学生喜欢用手机和爱好上网等特点，"回到"学生熟悉的"生活世界"当中，让学生进入"意义学习"的轨道，从而开启互联网背景下高职院校思政课教学活动德育模式更好效果的新路径。

（一）活动德育模式的理论依据

从马克思主义辩证唯物论的角度看，实践是认识得以发生的基础。正因如此，活动德育模式才在高校思政课教学中有着传统理论灌输模式所发挥不了的重要作用。而德育模式的理论将是我们在高职院校思政课教学中自觉践行活动德育模式的先导。

1.从人的思维能力的产生和发展的角度看

不能没有充分的实践活动。理解这一点，对于理解活动德育模式的重要作用具有根本的意义。著名心理学家皮亚杰在其《发生认识论原理》中讲"认识的心理发生"时，就深刻揭示了"感知运动"对婴幼儿正常发育的关键作用。如果婴幼儿没有充分的实践活动，他（或她）则不能很好地接触外在世界，就不会有充分的感知信息使大脑得到发育，当然也就不能很好地建构自己内在的精神世界，无法达到正常的认识水平，也无法获得正常的认知能力。其实，我们根据历史与逻辑相统一的基本规律不难理解，人的思维发生的历史过程中，实践的作用巨大，也即婴幼儿的认识发生基于实践活动，而且当每一个人在面对新的事物即认识发生之时，思维的逻辑过程也是以实践经验为先决条件的。

也就是说，一个毫无相关实践经验基础的人，在崭新的环境中是会茫然无助的。如我们在一个全新的语言环境中遇到一个陌生的语词，由于语音完全不能勾连起大脑中的过往实践经验记忆，我们的理解过程就不会发生，面对完全陌生的文字时情况也是一样。此时，完全陌生的语音或文字，都只是成了我们"触目"的对象，而没有进入意义得以发生的理解之思维过程。正是因为相关实践经验在理解之思维过程中具有优先地位，所以实践活动的直接经验、体验、实验、阅历等便会对我们理解思政课理论起到基础性作用。

2.从人类社会的产生和发展的角度看

最典型的实践活动就是劳动，理解了恩格斯所说的"劳动创造了人本身"，也就能很好地理解实践活动对于人意识观念的建构作用。恩格斯在《劳动在从猿到人转变过程中的作用》中有力地论证了是劳动创造了人本身这一观点。恩格斯的论证非常深刻地凸显了实践活动对人肌体的发育及思维能力的发展具有巨大作用,因而是我们活动德育模式之所以有效的内在机制。"劳动创造了人本身",这话之深刻不仅在于劳动满足了人的物质需要,使人生存了下来,促进了人的肌体的发育,使得人猿相揖别,更在于劳动这种实践方式,建构起人类社会丰富的生活世界和精神世界,使人的意识观念逐渐丰富起来,思维能力也日益发达起来。

因此可以说,没有劳动,就没有现代意义上的人本身,就不会有人类社会,我们人也不会有现代水平的正确认识社会和改造社会的能力。很显然,当我们进入社会时,我们必须进行充分的"感知运动",深入地与社会人打交道,才能够逐渐形成对社会的正确认识,才能通过实践活动的方式来推动我们对社会主义核心价值观的深刻理解和自觉践行,德育工作才算落到实处。

3. 从教育传承的角度看

没有实践活动的支撑,思政课理论的学习就是空洞的、僵死的、无用的。我国著名教育家陶行知的"社会即学校""教学做合一"等教育理念,之所以非常强调"做",核心思想就在于要突出"做"或"实践活动"对于"学"的重要性。

人在实践活动中对鲜活世界的感官知觉,会在主观目的的牵引下积极主动地与观念世界连接起来,从而建构起我们的意义世界。不难理解,"只有在经验中,任何理论才具有充满活力和可以证实的意义。一种经验,一种非常微薄的经验,能够产生和包含任何分量的理论(或理智的内容),但是离开经验的理论,甚至不能肯定被理解为理论。"

我国古人陆游的育儿诗,"纸上得来终觉浅,绝知此事要躬行"便以朴素的方式道出了其中的真谛。事实上,我们的德育过程,对学生来说,就是指符合社会要求之思想政治道德理论的理解过程,当然也就是其逐渐内化为学生的思维逻辑的过程。如果缺乏应有的实践经验基础,那些理论就是空洞的道德教条,就会缺乏应有的生机和活力。这样的教育就是身心二元分裂的错误教育。对此杜威也曾郑重地指出:"希腊教育所以取得卓越成就,其主要原因在于希腊教育从来没有被企图把身心分割开来的错误观念引入歧途。"由于我们所说的"活动"总是在特定"环境"中的"德育"过程,无疑都是身心一体的德育活动,必然有利于学生"思考"或体悟社会主义核心价值观所蕴含的道理,并促使其内化。正因如此,古今中外的教育家尽管理论学说各不相同,但没有不重视实践活动的。

(二)借助网络工具与平台创新活动德育模式的时代要求

众所周知,科学技术的进步带来巨大福祉的同时,也在悄然改变着人们的生活方式,科学技术俨然就是一台巨型的"座架",我们人类身处其中已经无法逃离却往往并不自知。而这台科学技术的巨型"座架"已经进入了虚实结合的互联网时代,人们的生活方式也自然而然地变成了"互联网+"的时代。如果说知识教育还能勉强在传统灌输模式中坚持下来的话,那么德育肯定会是最先坚守不住的,因为德育更多地需要"情感"和"意志"的投入而不仅仅是"理智"的运用,即德育无疑是更需要"知、情、意"相统一的教育,所以德育较之知识教育肯定是要先回到以学生为主体的路径上来的,而这又不得不要求思政课教师应该设法率先进入学生的生活世界当中来筹划。正因如此,好好了解学生的生活世界,积极运用网络工具与平台来上好大学生的思政课,是当今科学技术时代发展的趋势和需要。

首先,我们要懂得"回到""生活世界"在教育中具有重要意义。著名心理学家奥苏贝尔在其代表作《教育心理学:一种认知观》中写道:"如果我不得不把教育心理学所有的内容简约成一条原理的话,我会说:影响学习的最重要的因素是学生已知的内容。弄清了这一点后,进行相应的教学。"奥苏贝尔这里所说的"学生已知的内容"其实就是已经内化到学生精神世界当中去了的知识体系、学生的实践经验或亲身体验等。"学生已知的内容"之所以会成为影响学习最重要的因素,就是因为教育者一旦把握了"学生已知的内容",就是"回到"了学生熟悉的"生活世界"当中,学生就会对所教的内容感到熟悉和认同,知识的同化或内化过程就会大大加快,学习效果当然也就不言而喻了。

毫无疑问,我们每个人都对自己生活惯了的世界最为熟悉和适应,而对突然变换的环境感到陌生和不适,原因在于熟悉的"生活世界"中的事物一般已为我们所理解,因而建构起相应的"意义"。"理解"的过程就是"意义"的建构过程,没有"理解"的过程就是缺乏"意义"的机械学习过程。正因如此,奥苏贝尔教育理论中最重要的观念就是"意义学习"。按照奥苏贝尔的意思,学校里的课堂学习,应主要采用意义接受学习。有意义学习的两个先决条件是:学习者必须具有意义学习的心向,即把新知识与认知结构中原有的适当观念关联起来的意向;学习材料对学习者具有潜在意义,即学习材料可以和学生认知结构中的有关观念联系。这两个条件缺一不可,否则就会导致机械学习。由此可见,即使知识教育都应该注重"意义学习",而德育工作因其对"知、情、意"相统一的要求也就更加应该注重"意义学习"的方式,更加应该努力"回到"学生的"生活世界"当中去,从而才能在知、情、意等方面滋养学生的身心,促使其向善言行的形成。

多年来,在高校的思政课教学中,高职院校应该是最先从传统灌输模式中跳出来寻找出路的。因为我国高等教育多年来一直不是简单地分类教育,而是分层教育。理论学习水平相对较差的高职院校学生对灌输式的思政课教学模式更加感到不适。高职院校思政课教师多年以来的尝试,从较早的"PowerPoint"上图片的运用到其后"Flash"的插入,再到各种相关视频的节选,较之传统的黑板、粉笔模式的确显得色彩斑斓、形式多样,信息量也大大增加了,德育效果也确实有较大改善。但是,由于信息技术的大步向前发展,新成长起来的大学生在其生活世界中接触的又是更新的信息传播媒体,所以这些年思政课教学竞相追逐的所谓多媒体教学又开始显得有些老套了,德育效果也打了折扣。对此进行分析,特别是前面已经揭示出"回到"学生"生活世界"当中去的重要意义,现在的大学生大多是在互联网环境中长大的,他们对这种环境的融入性极高,因此,思政课教师借助网络工具与平台,营造好虚实结合的课堂,开辟互联网背景下新型的活动德育模式,让学生更多地参与其中来理解与领会思政课的理论内容,是提高思政课教学效果的不二选择。

从目前已有的研究成果来看,尽管有不少涉及高校思政课的"活动德育模式",但是,几乎都是理所当然地运用该模式,而深入系统地揭示"活动德育模式"理论依据的文章很少见。而事实上,深刻理解"活动德育模式"的理论依据是我们自觉运用各种实践性、互动性、体验性手段,帮助学生及时"回到"自己的"生活世界"当中去进行理论先导。只有这样才能尽快让学生进入"意义学习"的轨道,从而有效提高高职院校思政课的教学效果。如果没有对"活动德育模式"理论依据的深刻理解,就很可能只会机械地模仿一些活动方式,而缺乏与时俱进、顺势而为的持续创新能力。正因如此,随着互联网的日益普及,高职院校学生的"生活世界"在不断改变,我们无疑应将"活动德育模式"的"活动"扩展为虚拟与现实相结合的"活动"模式,从而将过去有效的"活动德育模式"在新的时代要求下进行到底。

(三)高职思政课渗透职业人格教育的教学

思政课是高校落实立德树人根本任务的关键课程。因此,高职院校思想政治理论课应因时而进、因势而新,不仅要进行系统的理论阐释,提升大学生的思想政治素质,还应进行课堂教学改革创新。可以结合思政课在大学生职业人格教育方面所具有的特殊优势,采取渗透式教学,对大学生开展"职业理想""职业精神"和"职业道德"等人格要素教育,引导学生形成健全的职业人格,增强自身适应社会的能力,实现人生价值。

1.高职思政课渗透职业人格教育的现实必然

(1)培养担当民族复兴大任"时代新人"的现实需求

高职院校思政课的使命就是不仅要贯彻落实立德树人根本任务,努力培育担当民族复兴大任的时代新人,还要贯彻落实服务现代化和实现更高质量更充分就业需要,对接科技发展趋势和市场需求。结合学科专业知识特征,充分利用自己的学科优势,在课堂教学中适时对学生进行健康的职业心理教育、坚定的职业意识教育和良好的职业道德教育,因势利导地对受教育者在理论学习中进行职业人格熏陶,养成具有较强的心理承受能力、积极稳健的处事态度、良好的职业道德水平、强烈的职业竞争创造意识等完善人格的高素质技能型人才。

(2)提高思政课教学实效的必然要求

目前,尽管高职思政课堂教学创新不断,成果颇多,但不可否认的是,其理论生活化教学改革创新尚需进一步开发与挖潜。习近平总书记在不同场合多次强调,要用好课堂教学这个主渠道,思想政治理论课要坚持在改进中加强,提升思想政治教育的亲和力和针对性,满足学生成长发展需求和期待;要推动思想政治理论课改革创新,不断增强思政课的思想性、理论性和亲和力、针对性。因此,按照因事而化、因时而进、因势而新的原则,适应"美丽中国""健康中国""大众创业、万众创新"行动计划、《中国制造2025》等国家发展战略和社会发展需求,在高职思政课堂开展职业人格教育渗透式教学研究与实践,培养高职学生的社会责任感和义务感,具有关心社会、热心公务、诚实守信、团结协作、公平公正、认真敬业、坚毅自信、开拓创新、艰苦创业,以及较强社会适应能力和人际交往能力等综合素养的健全职业人格。提高学生"服务产业"的能力,是高校思政课教学改革探索的发展方向与客观需求。

2.思政课渗透职业人格教育的教学优势

思政课作为高校人文教学的核心课程和落实立德树人根本任务的关键课程,在大学生职业人格教育方面有着其他学科不可比拟的特殊优势。

(1)提纲挈领的思想指导优势

对大学生开展职业人格教育,引导其正确认识社会和自我,树立科学的世界观和正确的人生观和价值观,制定出科学合理的职业生涯规划,也理应需要其理论支持和思想指导。因此,在高校思想政治理论课中渗透职业人格教育,以马克思主义世界观、人生观和价值观及"中国梦"指导大学生树立科学的职业理想和职业生涯规划;以社会主义核心价值观为指导,培育大学生具有爱岗敬业、诚实守信、办事公道、服务群众、奉献社会等职业道德素养;以法律规范教育引导大学生形成规则意识和法治观念等,具有其他课程教学所无可比拟的思想指导优势。

(2)得天独厚的德育资源优势

思想政治理论课作为铸魂育人的关键课程,在以理想信念教育为核心的正确世界观、人生观、价值观教育,以爱国主义教育为重点的民族精神教育,以基本道德规范为基础的公民道德教育,以大学生全面发展为目标的基本素质教育等思想政治教育主要任务中,蕴藏着马克思主义的"三观"思想及其基本立场、观点和方法、理想信念、"中国梦"的共同理想、中华民族优良传统和中国革命传统、社会主义核心价值观等诸多丰富的德育教学资源,无疑是其他课程教学所无法企及的。这为我们开展职业人格教育,培养大学生正确的职业观、良好的职业心理和职业道德、积极的创新意识、较强的社会能力等健全职业人格,提供了绵绵不断的"活水源泉"。

3.高职思政课渗透职业人格教育的教法实践

教学实践中,运用故事叙述、案例植入、讨论探究等教法,开展职业人格渗透式教育,是我们创新高校思政课实效性教学改革的一次有益尝试。笔者现将其总结如下,抛砖引玉,以资研商。

(1)故事叙述法

现实中,尽管高职学生人文素质偏低,对思政课不感兴趣,学习动力不足,但是,只要教师在课堂上根据所讲授的内容适时穿插或拓展一些相关的典故就极易调动他(她)们的听课兴趣。因此,契合思想政治教学内容要点,用一些励志故事穿插其中,引导、启发学生思考,让其感知、体认故事中所蕴含的道理与意义,以培养他(她)们的职业人格素养,是提升思政课实效性的重要途径。

(2)理论联系实际法

理论联系实际法是我们一贯倡导和必须掌握的教学法,其实质就是"理论生活化"。实践教学中,思政课教师要尽力克服"为理论而理论"的说教式或灌输式授课,而应按照

"贴近生活、贴近学生、贴近实际"的原则,将"高、大、上"的思政理论知识要点转化为能够解决学生学习生活和职业规划、职业指导中所遇到的实际问题的方法论。

(3)案例植入法

案例植入法是我们激发高职学生学习思政课兴趣,提高课堂实效性的最常用的教法之一。在思政课堂运用此教法进行职业人格渗透教育教学,关键在于处理好案例的选取问题,即根据所授思政理论知识点与职业人格教育的关联度情况进行案例取舍,并引导学生学思践悟,感悟案例寓意,思之自我生涯,确定好职业目标,练就好职业技能,磨砺好职业精神,为将来自我提升、自我发展奠定坚实的思想、能力基础与精神支撑。譬如讲述"中国梦"与"个人梦"时,可以选取诸如"中国导弹之父"钱学森、"杂交水稻之父"袁隆平、"时代楷模"黄大年、"一眼万年"南仁东等科学家为中华民族伟大复兴的"中国梦"拼搏奋斗,做出卓著功勋的事迹,或者可以选取学生身边获取国家奖学金、国家励志奖学金,以及专业技能竞赛获得国家级、省级奖项的优秀学生的典型案例,以此启发学生认识到"个人梦""学校梦""民族梦""中国梦"之间内含的发展的逻辑关系,让他们真正领悟到中国梦是国家的、民族的,也是每一个中国人的,并为之思梦、谋梦、追梦。

(4)讨论探究法

讨论探究法是以学生为主体,教师引导学生主动思考、探究问题的课堂教学方法。在思政课堂渗透职业人格教育时,可以结合所授知识点,以问题探究的形式,有的放矢地引导学生对职业生涯、职业规范、职业道德等方面的思考与认识,不断提升学生的职业修养,逐渐内化为其稳定的职业人格品质。

总之,高职思政课渗透职业人格教育,一是要把握好二者之间在培育健全职业人格目标上的知识融通性问题;二是要把握好基于学生职业人格培养上进行各种教法的故事、案例、问题等素材选择与教学设计问题;三是要解决好思政课"知识理论化"与职业人格教育"生活化"之间的匹配转化问题。

三、课堂设问法

在高职院校的德育教学中,课堂设问法是一种有效的教学方法,可以帮助教师发现学生的思想倾向和意识动态,并引导学生在德育方面形成正确的认知和道德倾向。

(一)设问法的原理和作用

1. 激发学生思考

通过教师提出具有启发性的问题,可以激发学生的思考和探索欲望,引导他们主动参与课堂讨论和交流。这种互动的过程有助于学生主动思考道德问题,形成自己的价值观和道德取向。

2. 发现学生认知偏差

通过设问,教师可以发现学生在德育方面存在的认知偏差和错误观念。学生的回答和观点可以反映出他们对道德问题的理解和态度,教师可以通过评价和点评,及时纠正学生的错误认知,引导他们形成正确的道德观念。

3. 培养学生的思辨能力

设问法可以培养学生的思辨能力和批判性思维，让他们学会从多个角度分析和评价道德问题。学生在回答问题的过程中需要进行逻辑推理、分析比较，形成自己的观点并给出合理的解释和论证。

4. 影响整体课堂氛围

通过设问法，教师可以调整整体课堂氛围，引导学生积极参与讨论和互动。教师的问题可以激发学生的兴趣，促进课堂的活跃和互动，培养学生的团队合作精神和表达能力。

（二）设问法的应用策略

1. 提出开放性问题

教师在德育课堂上应该提出开放性的问题，鼓励学生进行深入思考和探讨。这样的问题可以引导学生从不同角度思考道德问题，培养他们的多元思维和批判性思维能力。

2. 引导学生表达观点

在设问过程中，教师应该积极引导学生表达自己的观点，并鼓励他们提出问题、发表看法。教师可以倾听学生的意见和看法，对不同的观点给予肯定和指导，从而促进学生的自主思考和主动参与。

3. 创设情境和案例

教师可以通过创设情境和提供具体案例，引导学生思考道德问题。情境和案例可以让学生将抽象的道德理念与实际生活相结合，更好地理解和应用道德原则。

4. 探索道德冲突和伦理困境

教师可以提出存在道德冲突和伦理困境的问题，引导学生思考如何应对和解决这些问题。这种讨论可以让学生认识到道德冲突的复杂性，培养他们在困境中做出明智选择的能力。

5. 引导学生进行反思和总结

设问法不仅是教师提问，还需要引导学生进行反思和总结。教师可以要求学生在回答问题后进行思考和总结，分享自己的心得和体会。这有助于学生巩固所学的德育知识，形成自己的思考模式和价值观。

（三）设问法的注意事项

1. 尊重学生的观点

教师在设问和评价学生回答时，应尊重学生的观点和意见，给予积极肯定和鼓励。即使学生的回答存在错误或偏差，也应以引导和指导的方式进行纠正，而不是直接批评或贬低学生。

2. 创造安全和尊重的环境

在德育课堂中，教师应创造一个安全和尊重的环境，让学生敢于表达自己的观点。教师应注意倾听学生的意见，鼓励他们展示自己的思考和见解，营造积极的学习氛围。

3. 灵活运用设问法

教师在运用设问法时应根据具体情况和教学目标灵活调整。有时可以采用开放性问题，有时可以采用引导性问题，以适应不同的教学内容和学生群体。

4. 综合评价和点评

教师在对学生回答进行评价和点评时，应综合考虑学生的道德观念、思考深度和表达能力。可以通过鼓励学生的优点、指出问题的同时提出建议和改进的方向，帮助学生进一步提高德育素养。

在高职院校的德育课堂中，设问法是一种非常有益的教学方法。通过设问，教师可以深入了解学生的思维方式、价值观念和道德取向，及时发现学生的认知偏差，并通过引导和点评帮助学生纠正错误观念。

四、情境教学法

在高职院校的德育教学中，情境教学法是一种有效的教学方法。它通过将真实的情境引入课堂，让学生在虚拟的情景中扮演特定角色，参与模拟活动，以综合运用所学知识解决实际问题。

（一）情境教学法的原理和作用

1. 创设真实情境

情境教学法通过创设真实的情境和场景，让学生在模拟的环境中体验真实的事件和问题。这种情境的设置可以让学生更加主动地参与学习，提高学习的真实性和实践性。

2. 促进综合运用能力

情境教学法要求学生在特定情境下综合运用所学的理论知识，通过分析、解决和理解实际问题。学生需要综合考虑不同因素，运用相关知识和技能进行决策和行动，培养综合运用能力和解决问题的能力。

3. 提升创造性思维

情境教学法鼓励学生在模拟情境中进行创造性思考和行动。学生需要针对具体情境提出创新的解决方案，培养创造性思维和创新能力。这种培养有助于学生在实际生活和职业发展中面对新问题时能够灵活应对。

4. 促进合作与交流

情境教学法通常需要学生以小组形式参与情景模拟活动。这种合作学习的方式能够促进学生之间的合作与交流，增强团队合作意识和沟通能力。学生通过相互协作，共同解决问题，加深对课程内容的理解和应用。

（二）情境教学法的应用策略

1. 设计真实情境

教师应根据德育教学的目标和内容设计真实情境，使学生能够在模拟的场景中体验和应用所学的德育知识。情境可以是职场环境、社区服务场景、职业冲突等，必须符合学生所学专业和实际生活经验。

2. 角色扮演和模拟活动

学生在情境教学中需要扮演特定角色，并模拟特定的活动。教师可以指导学生的感情问题。这可以通过小组讨论、角色扮演、模拟演练等方式进行，让学生能够真实地感受和体验相关情境。

3. 提供支持和指导

在情境教学中，教师起到支持和指导的作用。教师可以提供所需的背景信息、材料和指导，帮助学生理解情境的背景和要求。同时，教师还可以通过问题、启发性地引导和反馈引导学生深入思考和探索，促进他们的学习和成长。

4. 促进反思和总结

在情境教学过程中，教师应鼓励学生进行反思和总结。学生可以在情景模拟结束后，回顾整个过程，思考自己在情境中的表现和所学到的经验。通过反思和总结，学生能够加深对德育知识和技能的理解，并将其应用到实际生活中。

5. 结合评估和评价

在情境教学中，教师可以结合评估和评价的方式，对学生的表现和成果进行评价。包括对学生在情境中的角色扮演、问题解决、团队合作的能力等方面进行评估。通过评价，教师可以了解学生的学习情况和成长进程，并提供相应的反馈和指导。

（三）情境教学法的注意事项

1. 设计适当的情境

教师在设计情境时应确保其与学生所学专业、德育目标相关。同时，情境要具有一定的挑战性和实践性，能够激发学生的兴趣和参与度。

2. 组织合理的时间和资源

情境教学需要合理安排时间和资源。教师应确保学生有足够的时间参与情景模拟活动，并提供必要的支持和资源，以保证学生能够充分发挥自己的能力和潜力。

3. 注重学生的参与和反馈

情境教学的核心是学生主动参与和反馈。教师应鼓励学生积极参与情景模拟活动，给予他们充分的表达和发言机会，并及时提供针对性的反馈和指导。

4. 鼓励跨学科学习和思维

情境教学法可以促进学生的跨学科学习和思维能力。教师可以设计涉及不同学科领域的情境，鼓励学生综合运用各学科知识解决问题，培养学生的综合素养和跨学科思维能力。

5. 管理情境教学过程

情境教学需要教师对情境教学过程进行有效管理。教师应确保情境的真实性和有效性，引导学生充分参与和交流，控制教学节奏和组织方式，以达到德育教学的预期目标。

6.关注情境教学的转化与应用

情境教学的最终目的是培养学生将所学知识和技能应用到实际生活中。教师应关注学生在情境教学后的能力转化和应用情况，鼓励学生将所学应用于实际生活和职业发展中。

情境教学法在高职院校的德育教学中具有重要的作用。它通过创设真实情境、模拟活动和综合运用能力，培养学生的创造性思维、合作精神和解决问题的能力。教师在运用情境教学法时应注重设计合适的情境、组织合理的时间和资源，鼓励学生的参与和反馈，并关注学生的能力转化和应用。通过情境教学法的应用，可以有效提升学生的德育素养和实践能力，为其未来的职业发展和社会参与打下坚实的基础。

五、导读原著法

导读原著法是一种高职院校德育教学方法，通过引导学生阅读经典原著和优秀著作，提高学生的理论修养、扩充知识储备，并促进他们的人文素养和道德素养的提升。

（一）选择适当的原著

教师应根据课程内容和学生的实际情况选择适当的原著和优秀著作。原著可以是与课程内容相关的经典著作、哲学著作、文学作品等。优秀著作可以是关于人生道德、职业伦理、社会责任等方面的作品。选择适当的原著能够提供给学生广泛的知识和思想启迪。

（二）列举和分享内容

教师可以在课堂上列举一些与教学相关的原著和优秀著作的内容，并与学生进行分享和探讨。教师可以选取一些经典的章节、段落或观点，进行引导和解读，激发学生的兴趣和思考。通过共同探讨和分享，学生可以深入理解原著的思想内涵，并将其与实际生活和职业发展相联系。

（三）提供阅读指导和资源支持

教师在导读原著时应提供适当的阅读指导和资源支持。教师可以介绍原著的背景和作者的思想，引导学生在阅读过程中关注重点和理解要点。同时，教师还可以提供图书馆资源、电子书籍或网络链接等支持学生获取相关原著和著作的途径，确保学生能够方便地进行阅读和学习。

（四）引导学生思考与讨论

导读原著的过程中，教师应鼓励学生进行思考和讨论。教师可以提出问题或引导学生思考与原著相关的议题、伦理问题或社会问题。通过讨论，学生可以深入探索原著中的思想和价值观，思考其对个人成长和社会发展的意义。同时，学生之间的讨论也可以促进彼此之间的思想碰撞和互相启发。

（五）关注学生的实际应用

导读原著的目的是使学生能够将所学知识应用于现实生活和职业实践中。教师应引导学生将原著中的理论知识与实际问题相结合，思考如何应用于自身的成长和职业发展中。

通过案例分析、角色扮演或小组讨论等方式，学生可以将原著中的观点和原则应用于解决实际情境中的道德和伦理问题，培养他们的实践能力和判断力。

（六）评价学生的阅读成果

在导读原著的过程中，教师应对学生的阅读成果进行评价。评价可以包括书面作业、小组讨论、口头演讲等形式。通过评价，教师可以了解学生对原著内容的理解和应用能力，并给予适当的反馈和指导。同时，评价也可以激励学生对原著的深入学习和思考。

（七）拓展学生的阅读领域

导读原著不仅仅局限于课堂上，教师还可以鼓励学生在课余时间继续阅读相关的原著和著作。教师可以提供更多的阅读推荐和资源，鼓励学生自主选择和探索。通过广泛阅读，学生可以拓展自己的知识领域，培养批判性思维和深入思考的能力。

总体而言，导读原著法是一种有效的高职院校德育教学方法，通过引导学生阅读经典原著和优秀著作，提高学生的理论修养、拓宽知识视野，并促进他们的人文素养和道德素养的提升。教师的引导和评价起着关键作用，同时要关注学生的实际应用和不断拓展阅读领域，以培养学生的综合素养。

第二节 融入职业道德和职业技能的培养

高职院校在德育教育中需要将职业道德和职业技能的培养有机地融合在一起，以培养具有良好道德素养和实践能力的职业人才。

一、课程设置

高职院校可以通过课程设置将职业道德与职业技能有机结合起来。例如，在专业课程中融入职业道德教育的内容，教授职业道德的理论知识和实践准则，并通过案例分析、角色扮演等方式让学生应用道德原则解决实际职业问题。同时，课程还应注重培养学生的职业技能，包括实际操作、技术应用等方面的训练。

（一）整合职业道德教育内容

高职院校可以将职业道德教育的内容整合到专业课程中。例如，在相关专业的核心课程中引入职业道德的理论知识和实践准则。教师可以介绍职业道德的基本概念、道德原则、伦理冲突解决等内容，让学生了解职业道德的重要性和应用。同时，教师可以利用案例分析和讨论的方式，引导学生运用职业道德原则解决实际职业问题。

1.引入职业道德的基本概念

在相关专业的核心课程中，教师可以引入职业道德的基本概念，如职业道德的定义、职业道德的重要性及与专业实践相关的职业道德原则等。通过介绍这些基本概念，学生可以建立起对职业道德的基本认知，为后续的学习和讨论奠定基础。

2. 探讨职业伦理冲突解决方法

在课程中,教师可以引导学生分析和讨论职业伦理冲突的解决方法。通过案例分析和讨论,学生可以了解不同职业伦理冲突的类型和常见的解决方法。教师可以提供一些典型案例,让学生思考如何在实际工作中应对这些职业伦理冲突,并促使他们思考和讨论其中的道德考量和影响。

3. 强调专业实践中的职业道德要求

教师可以在课程中强调专业实践中的职业道德要求。通过介绍专业实践中的道德准则、行为规范和职业道德规范,帮助学生了解他们未来所从事的专业中的道德要求。教师还可以结合具体案例,让学生思考和讨论在实际工作中如何遵守职业道德规范,并帮助他们树立正确的职业道德观念。

(二)引入实践性教学环节

为了培养学生的职业技能和道德素养,高职院校可以在课程中引入实践性教学环节。包括实验实训、实习实访、项目实践等形式。在这些实践环节中,学生将直接接触到真实的职业环境和职业问题,需要在职业道德的指导下运用所学的技能解决实际挑战。教师可以扮演辅导员的角色,引导学生面对职业伦理和道德抉择,并提供指导和反馈。

1. 实验实训

高职院校可以通过实验实训让学生在模拟实验室或工作场所中进行实际操作和实践训练。这些实验实训可以模拟真实的职业环境,让学生学习和应用相关的职业技能,并在实践中面对职业道德的考量。教师可以在实验实训中引导学生关注职业道德问题,帮助他们理解职业道德的重要性,并提供指导和反馈。

2. 实习实访

高职院校可以安排学生进行实习实访,让他们亲身体验真实的职业环境和职业实践。通过实习实访,学生可以接触到实际的工作场所、行业专业人士,并与他们进行交流和学习。在实习实访中,教师可以引导学生关注职业道德的问题,如职业操守、职业责任等,并帮助他们理解和应用职业道德准则。

3. 项目实践

高职院校可以组织学生参与项目实践,让他们在团队合作的环境中应用所学的知识和技能解决实际问题。项目实践可以是课程项目、研究项目或社会实践项目等形式。在项目实践中,教师可以设定职业道德的目标和要求,引导学生在实践中思考职业伦理和道德抉择,并与团队成员共同解决相关问题。

4. 辅导和反馈

在实践性教学环节中,教师应扮演辅导员的角色,为学生提供指导和反馈。教师可以定期与学生进行讨论和反思,引导他们思考在实践中遇到的职业道德问题,以及如何更好地应对这些问题。

（三）强调职业伦理和社会责任

在课程设置中，高职院校应强调学生的职业伦理和社会责任。这可以通过开设专门的课程或模块实现，如职业伦理与社会责任课程。该课程涵盖职业道德规范、职业道德决策模型、职业道德与社会责任等方面的内容。通过学习这些课程，学生可以深入了解职业伦理和社会责任的概念，并学会在实际工作中应用这些原则。

1. 开设职业伦理与社会责任课程

高职院校可以专门开设职业伦理与社会责任课程，将其纳入课程体系中。该课程涵盖职业道德规范、职业道德决策模型、职业道德与社会责任等方面的内容。教师可以通过讲授理论知识、案例分析和讨论等方式，帮助学生理解和应用职业伦理和社会责任的原则。

2. 引入实际案例与讨论

在职业伦理与社会责任课程中，教师可以引入实际案例进行分析和讨论。这些案例可以涉及现实生活中的职业伦理和社会责任问题，如职业道德冲突、企业社会责任等。通过案例分析和讨论，学生可以更深入地了解职业伦理和社会责任的挑战和应对方法，培养他们的道德判断和决策能力。

3. 强调职业伦理的重要性

教师可以在课堂上强调职业伦理的重要性，并引导学生认识到职业伦理对于个人职业发展和社会稳定的重要性。教师可以介绍一些具体的职业伦理准则和行为规范，让学生了解并应用这些准则。同时，教师还可以分享一些成功人士的故事和经验，激发学生对于职业伦理的兴趣和认同。

4. 培养社会责任感

在课程中，高职院校可以注重培养学生的社会责任感。教师通过讲授企业社会责任的概念和实践案例，让学生认识到作为职业人士的社会责任。同时，可以组织学生参与社会公益活动、志愿服务等实践项目，让他们亲身体验社会责任的重要性，并反思自己在实践中的职业伦理和社会责任。

二、实践教学

高职院校可以通过实践教学来培养学生的职业道德和职业技能。实践教学包括实验实训、实习实访、项目实践等形式。

（一）实验实训

实验实训是一种常见的实践教学形式，通过模拟真实的职业环境和场景，让学生进行实际操作和实验训练。在实验实训中，教师可以设置与职业道德相关的情境，让学生在实践中面对职业伦理和道德抉择。教师可以提供指导和反馈，帮助学生认识到不同选择的道德影响，并培养学生在实践中运用职业道德的能力。

（二）实习实访

通过实习实访，学生能够亲身体验真实的职业环境和职业实践。在实习实访中，学生将直接参与到实际的工作中，面对职业伦理和道德的挑战和抉择。

1. 模拟真实职业环境

实验实训指通过模拟真实的职业环境和场景，创造出具体的职业情境供学生进行实际操作和实验训练。例如，在医疗类专业中，可以模拟医院的手术室或诊疗室，让学生进行实际操作；在工程类专业中，可以模拟工程现场，让学生实际施工或设备操作。通过这样的实践环境，学生可以更好地感受到职业实践的真实性和复杂性，为他们面对职业道德和道德抉择提供具体的背景和情境。

2. 设置与职业道德相关的情境

在实验实训中，教师可以有意识地设置与职业道德相关的情境，引导学生在实践中面对职业伦理和道德抉择。例如，在医疗实验实训中，教师可以设计一些情境，如医生面对病人的权益保护和隐私保密、处理医患关系中的道德冲突等。这些情境能够激发学生对职业伦理和道德的思考，并让他们在实践中体验到职业道德的挑战和压力。

3. 引导学生思考职业伦理问题

在实验实训中，教师应当引导学生思考与职业伦理相关的问题，并鼓励他们在实践中运用职业道德的原则。教师可以提出具体的案例或情境，让学生分析并讨论其中涉及的职业伦理问题。通过这样的讨论和思考，学生将能够更好地理解职业伦理的重要性和应用，并培养其在实践中应对职业伦理挑战的能力。

（三）项目实践

项目实践是一种团队合作的实践形式，通过参与具体项目的策划、实施和评估，学生能够综合运用所学的知识和技能解决实际问题。在项目实践中，教师可以设定职业道德的目标和要求，引导学生在实践中面对职业伦理和道德抉择，并与团队成员共同解决相关问题。教师可以组织团队讨论和反思，促使学生深入思考和应用职业道德原则。

1. 实践真实职业环境

实习实访的核心目的是让学生亲身体验真实的职业环境和职业实践。学生将有机会进入具体的工作场所，与职业人士一起工作，亲身感受职业实践的要求和挑战。例如，医学类专业的学生可以在医院实习，工程类专业的学生可以参与实际工程项目。通过实践，学生将更深入地理解职业道德在实际工作中的重要性，并体验到不同职业领域的职业伦理和道德挑战。

2. 面对职业伦理和道德抉择

实习实访中，学生将直接面对职业伦理和道德的挑战和抉择。他们可能会遇到各种与职业道德相关的情境，如职业操守、隐私保护、冲突利益等。教师在实习实访过程中可以扮演辅导员的角色，引导学生思考职业伦理和道德问题，并提供指导和支持。通过实践中的道德抉择，学生将培养道德决策的能力，学会在实践中运用职业道德原则。

3. 提供指导和反馈

实习实访过程中，教师需要提供指导和反馈，帮助学生认识到职业伦理和道德的重要性，并指导他们如何在实践中应对职业伦理和道德挑战。教师可以与学生定期进行讨论和反思，了解他们在实习实访中遇到的职业伦理和道德问题，引导他们思考并提供解决方案。

三、职业导向辅导

高职院校可以提供职业导向的辅导，帮助学生明确职业目标和职业发展道路。例如，辅导员可以与学生进行个别谈话，了解学生的职业兴趣和价值观，并提供职业规划和发展建议。在辅导过程中，辅导员可以重点关注学生的职业道德意识和职业素养的培养，帮助学生理解并应用道德原则和职业道德规范。

（一）个别谈话和职业兴趣探索

辅导员可以与学生进行个别谈话，了解他们的职业兴趣、价值观和个人目标。例如，通过深入交流，辅导员可以帮助学生认识自己的职业倾向和意向，引导他们探索自己的职业兴趣，并了解相关的职业道德要求。辅导员可以倾听学生的想法和梦想，为他们提供指导和建议，帮助他们明确职业目标。

（二）职业规划和发展建议

基于学生的职业兴趣和目标，辅导员可以提供职业规划和发展建议。包括指导学生了解不同的职业领域，帮助他们制定合理的职业规划和发展路径。例如，辅导员可以介绍相关的职业资源和就业市场信息，为学生提供职业导向的指导，帮助他们做出明智的职业决策。

（三）职业道德意识培养

在职业导向的辅导过程中，辅导员应重点关注学生的职业道德意识和职业素养的培养。例如，辅导员可以引导学生认识到职业伦理和道德对于职业发展的重要性，帮助他们理解并应用道德原则和职业道德规范。辅导员可以通过讨论职业道德案例、进行道德决策的训练等方式，激发学生对职业道德的兴趣和理解。

（四）职业素养的培养

辅导员在职业导向辅导中还应重视培养学生的职业素养。包括积极的职业态度、良好的沟通能力、团队合作能力、职业道德的自我反思等方面。例如，辅导员可以通过角色扮演、情景模拟等方式，让学生在实践中锻炼和提升职业素养。同时，辅导员还可以提供职业伦理和道德规范的培训，帮助学生了解并熟悉相关的道德准则和行为规范。他们可以介绍职业道德的基本原则，如诚信、责任、尊重等，并通过案例分析和讨论的方式让学生应用这些原则解决实际职业问题。

第三节 提供案例分析和实际应用的机会

在高职院校的德育教学中,提供案例分析和实际应用的机会是一种有效的方法。通过案例分析,学生可以深入了解职业道德和道德决策的实际情境,并思考如何应对其中的道德困境和挑战。实际应用让学生将道德原则和规范应用到实际职业情境中,锻炼他们的道德判断和行动能力。

一、案例分析

德育课程可以通过引入具体的案例,让学生进行案例分析。教师可以指导学生分析案例中涉及的道德问题、利益冲突以及可能的解决方案。通过案例分析,学生将能够理解道德决策的复杂性,并培养他们的道德思维和分析能力。

(一)选择合适的案例

在德育课程中,教师应选择与学生所学专业相关的案例,以使学生能够将所学的理论知识应用到实际情境中。案例可以来自真实的职业经验,也可以是虚构的情境,但无论是哪种形式,都应具有一定的复杂性和道德挑战性。通过案例的选择,教师可以激发学生的兴趣,引导他们深入思考和讨论。

(二)引导学生分析道德问题

教师在案例分析中的角色是引导者和指导者。教师应引导学生分析案例中涉及的道德问题,如职业伦理、诚信、责任、公正等方面的挑战和冲突。学生可以通过观察和讨论案例中的情节、人物行为和后果,分析不同利益之间的冲突,探讨各种道德观点和解决方案。教师可以提出问题,引导学生思考,并提供相关的背景知识和道德理论支持。

(三)探讨解决方案

学生在案例分析中应被鼓励提出自己的解决方案,并进行讨论和辩论。教师可以引导学生考虑不同的道德观点和权衡不同利益的方法,帮助他们深入思考和评估各种解决方案的优缺点。通过团队讨论和辩论,学生可以了解不同的道德观点和决策方法,培养批判性思维和团队合作能力。

二、实际应用

德育课程可以为学生提供实际应用的机会,让他们将道德原则和规范应用到实际职业情境中。这可以通过模拟练习、角色扮演、情境讨论等形式来实现。例如,在医学类专业中,可以模拟医患沟通的情境,让学生扮演医生或患者的角色,通过实践中的情景模拟,学生可以应用道德原则和沟通技巧解决实际职业问题。通过实际应用,学生将能够培养职业道德的实践能力和应对职业伦理挑战的能力。

（一）模拟练习

模拟练习是一种常用的实际应用形式，通过模拟真实的职业情境，让学生在相对安全的环境中进行实践。例如，在商务管理课程中，可以模拟商业谈判的情境，让学生扮演不同的商业角色，进行角色扮演和模拟谈判。在这个过程中，学生需要运用道德原则和沟通技巧，解决实际的职业问题，并在教师的指导下进行反思和讨论。

（二）角色扮演

角色扮演是让学生在特定职业情境中扮演相关角色的实践形式。通过角色扮演，学生可以亲身体验职业角色的责任和挑战，并运用所学的道德原则和规范解决实际问题。例如，在护理专业中，可以安排学生扮演护士的角色，面对各种临床情境，包括决策病人护理的道德问题、处理医疗过错的道德责任等。通过角色扮演，学生能够培养职业道德的实践能力，并对职业道德的挑战有更深入的理解。

（三）情境讨论

情境讨论是指通过提供特定情境来引导学生进行实践和讨论的形式。教师可以设计一系列情境，要求学生就其中涉及的道德问题进行讨论并提出解决方案。例如，在法律职业课程中，可以提供不同的法律案例，让学生讨论其中的道德问题，提出合理的法律解释和道德判断。通过情境讨论，学生能够运用所学的知识和道德原则，解决实际的职业问题，并学会与他人进行合作和合理的讨论。

三、讨论和反思

在案例分析和实际应用的过程中，教师应鼓励学生进行讨论和反思。学生可以在小组或全班的讨论中分享自己对道德问题的看法和解决方案。教师可以引导学生思考不同的道德观点和伦理冲突，并鼓励他们进行批判性思考。在讨论过程中，教师应充当指导者的角色，引导学生深入分析和评价不同的道德观点，并提供反馈和指导。

（一）创建积极的讨论环境

教师应努力创造一个积极、开放和尊重的讨论环境，鼓励学生畅所欲言，表达自己的意见和观点。教师可以采用小组讨论、辩论或全班讨论的形式，让学生在安全和包容的氛围中参与讨论。同时，教师应提供明确的讨论目标和指导，确保讨论围绕道德问题展开，引导学生思考相关的道德原则和伦理冲突。

（二）引导学生批判性思考

教师在讨论中应鼓励学生进行批判性思考，提出深入的问题和观点。教师可以引导学生深入分析案例、实际情境或道德理论，并引发他们对不同观点和决策的思考。教师可以提出挑战性问题，促使学生从不同的角度思考、评估道德决策的合理性和后果。通过批判性思考，学生可以更深入地理解道德问题，并培养独立思考和判断的能力。

（三）提供反馈和指导

教师在讨论中应提供及时的反馈和指导，帮助学生进一步理解和评估道德问题。教师可以纠正错误的观点，提供相关的背景知识和道德理论支持，鼓励学生互相交流和辩论，促进多元观点的交流和对立观点的碰撞，以拓宽学生的思维和视野。

四、实践项目

德育课程可以设计实践项目，让学生在实际职业情境中应用所学的道德原则和规范。这些项目可以是个人或团队的实践活动，旨在培养学生的道德判断和行动能力。例如，在社会服务类专业中，学生可以组织志愿者活动，通过实际参与服务项目。学生将面对各种与职业道德相关的情境，如公正分配资源、尊重个人权益等。通过实践项目，学生将能够更深入地体验职业道德的重要性，并培养实际应用职业道德的能力。

（一）项目设计与实施

教师可以设计具体的实践项目，这些项目可以是个人或团队的实践活动，与学生所学专业相关，并与职业道德教育目标相契合。例如，在旅游管理专业中，可以组织学生进行实地考察和调研，了解旅游业中的道德问题，并提出相应的解决方案。在项目实施过程中，教师应提供指导和支持，确保学生能够充分理解和应用所学的道德原则。

（二）道德决策与行动

实践项目要求学生在实际情境中进行道德决策和行动。学生需要面对各种道德问题和伦理冲突，评估不同的道德观点和解决方案，并做出符合道德原则和职业规范的决策。例如，在商业管理专业中，学生可以参与模拟企业运营的实践项目，面对与商业道德相关的挑战，如商业竞争中的诚信和公平原则。通过实践项目，学生将能够培养职业道德的实践能力，并在实际行动中体验道德决策的影响和结果。

（三）反思与评估

实践项目结束后，教师应引导学生进行反思和评估。学生可以回顾自己在项目中的道德决策和行动，并思考其合理性和可持续性。教师可以提出问题，引导学生反思自己对道德问题的看法和观点的变化，以及项目对自己道德思维和职业意识的影响。同时，教师可以组织学生进行小组或全班的分享和讨论，促进学生之间的交流和互相启发。

（四）实践项目的价值

实践项目不仅能够让学生直接参与实际职业情境中的道德问题，而且还可以培养学生的实际应用能力和团队合作能力。通过实践项目，学生将能够更深入地理解和体验职业道德的重要性，培养他们在实际情境中应用道德原则和规范的能力。此外，实践项目还能够帮助学生发展团队合作和沟通能力，培养他们在职业环境中与他人合作和解决问题的能力。

在实践项目中，教师扮演着指导者和辅导者的角色，提供指导和支持。教师可以在项目开始前明确项目目标和预期结果，并为学生提供必要的背景知识和技能培训。教师还可以监督项目的进展，并在需要时给予学生及时的反馈和指导。通过这种方式，学生能够在实践中不断学习和成长，加深对道德问题的理解和应对的能力。

实践项目的设计应该具有一定的挑战性和现实性，使学生能够面对真实的职业情境和挑战。这可以通过与行业合作或邀请业界专业人士参与项目实现。学生可以与真实的客户、员工或相关利益相关者进行互动，并在实际应用中解决问题和做出决策。这样的实践经历将使学生更好地理解职业道德的复杂性和实际应用的挑战，从而为将来的职业发展打下坚实的基础。

实践项目作为德育课程中的重要组成部分，为学生提供了应用道德原则和规范的实际机会。通过参与实际职业情境的实践，学生能够更深入地理解职业道德的重要性，并培养实际应用职业道德的能力。

五、综合案例和实际应用

德育课程还可以设计综合案例和实际应用的项目，结合不同的职业情境，让学生综合运用所学的道德原则和技能。教师可以提供一个综合性的案例，涵盖多个职业领域和道德问题，要求学生进行全面地分析和提供解决方案。学生可以通过小组合作或个人独立完成这个项目，并在最后进行讨论和展示。通过这样的综合案例和实际应用，学生将能够整合和应用自身的职业道德素养和技能，并提升综合解决职业伦理问题的能力。

（一）综合案例设计

教师可以设计一个综合性的案例，该案例涵盖多个职业领域和道德问题，要求学生进行全面的分析并提供解决方案。这个案例可以是真实的职业案例，也可以是虚构的情境，但都应与学生所学专业相关。案例应该包含多个道德挑战和冲突，涉及不同职业角色的道德决策和行动。通过综合案例的设计，学生可以理解和应对更为复杂的职业伦理问题，并培养他们的综合分析和判断能力。

（二）学生合作与独立完成

综合案例和实际应用的项目可以要求学生以小组合作或个人独立的方式完成。小组合作可以促进学生之间的交流和合作，让他们从不同的角度和经验出发，共同分析和解决问题。个人独立完成可以培养学生的独立思考和解决问题的能力。无论是小组合作还是个人独立完成，学生都需要综合运用所学的道德原则、职业技能和专业知识，提出全面、合理的解决方案。

（三）实际应用的情景模拟

综合案例和实际应用的项目可以通过情景模拟来实现。教师可以为学生提供具体的职业情境，让学生在模拟的环境中应用所学的道德原则和技能解决问题。例如，在酒店管理专业中，可以模拟一个复杂的客户投诉情境，学生需要扮演不同的角色，如前台接待员、经理、顾客等，通过情景模拟解决客户投诉的道德问题。通过实际应用的情景模拟，学生可以在相对真实的职业情境中锻炼他们的道德判断和行动能力，提高其解决职业伦理问题的能力。

（四）跨学科综合应用

综合案例和实际应用的项目可以鼓励学生跨学科地运用知识和技能。学生需要将道德原则与专业知识和技能相结合，提供综合的解决方案。例如，在环境工程专业中，可以设计一个综合案例，涉及环境保护和可持续发展的道德问题，学生需要综合运用环境科学、工程技术、法律法规等多学科的知识，提出综合的解决方案。通过跨学科的综合应用，学生能够培养综合思考和跨领域合作的能力，更好地解决复杂的职业伦理问题。

（五）讨论和反思

综合案例和实际应用的项目结束后，教师应引导学生进行讨论和反思。学生可以分享自己在项目中的观点和解决方案，并与同学们进行交流和讨论。教师可以提出问题，引导学生思考不同的道德观点和解决途径，并从中总结经验教训。同时，教师还可以帮助学生反思项目的意义和对个人职业发展的影响。通过讨论和反思，学生能够深入思考和理解职业伦理问题的复杂性，进一步提高其综合解决问题的能力。

（六）评估与展示

综合案例和实际应用的项目的最后阶段是评估与展示。学生可以将他们的分析和解决方案以报告、展示或其他形式呈现给教师和同学们。教师可以根据学生的表现和成果进行评估，并给予相应的反馈和指导。通过评估与展示，学生能够提高沟通和表达能力，展示自己的综合素养和职业道德能力。

综合案例和实际应用的项目能够使学生在多样化的职业情境中综合运用所学的道德原则和技能，培养他们的综合解决问题的能力。这种综合性的学习体验有助于学生深入理解职业伦理问题的复杂性，提高他们的职业道德素养和综合能力，为未来的职业发展奠定坚实的基础。

总结而言，提供案例分析和实际应用的机会是高职院校德育教学中重要的组成部分。通过案例分析，学生能够深入思考和分析职业道德问题，并培养道德思维和分析能力。实际应用让学生在实际职业情境中运用所学的道德原则和规范，锻炼他们的道德判断和行动能力。这些教学方法可以帮助学生更好地理解和应用职业道德，并为他们的职业发展奠定了坚实的基础。

第六章　高职院校德育教学活动与社会实践

第一节　组织学生参与德育活动、社区服务和志愿者活动

组织学生参与德育活动、社区服务和志愿者活动是高职院校德育教学中的重要组成部分。这些活动可以让学生在实践中体验和应用所学的道德原则和价值观，培养他们的社会责任感和公民意识。

一、德育活动

德育活动是指为学生提供道德教育和品德培养的各种活动。高职院校可以组织各类德育活动，如道德讲座、主题演讲、德育研讨会等。这些活动可以邀请专家学者、行业人士或成功人士来校园举办讲座，分享他们的道德经验和人生价值观。学生可以通过参与这些活动，深入了解道德理念和行为规范，并从中获得道德启发和价值触动。

（一）道德讲座与主题演讲

高职院校可以邀请专家学者、行业人士或成功人士来校园进行道德讲座和主题演讲。这些专家可以分享他们在职业生涯中所面临的道德困境和挑战，以及他们应对和解决这些问题的经验。这样的讲座和演讲可以激发学生的思考和思维，引导他们认识到道德的重要性，并帮助他们构建自己的道德观念和价值体系。

1. 邀请专家学者和行业人士

高职院校可以邀请相关领域的专家学者和行业人士来校园进行道德讲座和主题演讲。这些人具有丰富的实践经验和专业知识，能够分享自己在职业生涯中面对的道德困境和挑战，以及他们应对和解决这些问题的经验。他们的分享可以让学生更直观地了解道德决策的复杂性和重要性，并为学生提供现实案例和实用建议。

2. 主题演讲和案例分享

主题演讲和案例分享是道德讲座的常见形式。教师可以确定特定的主题，如职业道德、商业伦理、医学伦理等，邀请专家就这些主题进行演讲和案例分享。这样的演讲和分享可以通过真实的案例和实际的情境，引发学生的兴趣和思考，帮助他们理解道德决策的背后逻辑和影响。

3. 互动与讨论

道德讲座和主题演讲应该鼓励学生的互动和参与。例如，教师可以设计一些互动环节，包括提问、小组讨论、思考题等，让学生积极参与讲座或演讲。通过互动和讨论，学生可以分享自己的观点和想法，与专家和同学进行交流和碰撞，从而深入思考和理解道德问题。

4. 引导思考和价值触动

道德讲座和主题演讲应该具有引导学生思考和价值触动的作用。专家可以提出一些关键问题，引发学生的思考和探索。他们可以分享自己的道德观念和价值体系，以及这些观点和价值体系是如何影响他们在职业生涯中的道德决策。通过这种引导，学生可以反思自己的价值观和道德准则，并在专家的启发下对其进行进一步的思考和完善。

5. 实用案例分析

在道德讲座和主题演讲中，专家可以分享一些实用的案例分析。这些案例可以涉及不同行业和职业领域的道德问题，让学生从不同角度思考和解决这些问题。通过分析实用案例，学生可以了解道德决策的复杂性和多样性，并学习如何应用道德原则和价值观来指导自己的职业行为。

6. 探索道德困境的解决方案

道德讲座和主题演讲还可以探讨道德困境的解决方案。专家可以分享自己在面对道德困境时所采取的策略和方法，并引导学生思考如何在现实生活中应对类似的挑战。这样的讨论和分享有助于学生培养应对职业伦理问题的能力，并促使他们思考如何在道德决策中权衡不同的利益和价值观。

7. 建立道德网络和资源

道德讲座和主题演讲还可以为学生建立道德网络和资源。学生可以通过与专家的交流和互动，建立联系并获取进一步的指导和支持。此外，高职院校还可以为学生提供相关的道德资源和资料，让他们在学习和实践中更好地发展自己的道德素养。

通过道德讲座和主题演讲，高职院校可以为学生提供全方位的道德教育和品德培养。这些活动不仅能够激发学生的思考和思维，引导他们认识到道德的重要性，还能够帮助学生构建自己的道德观念和价值体系。同时，通过与专家和行业人士的互动，学生可以深入了解职业道德和道德决策的实践，为未来的职业生涯奠定坚实的道德基础。

（二）德育研讨会与讨论

德育研讨会是为学生提供讨论和交流的平台，让学生能够主动参与道德问题的探讨。例如，高职院校可以组织小组讨论、圆桌会议或德育研究小组等形式的活动，让学生就特定的道德议题进行深入研究和讨论。在研讨会上，学生可以分享自己的观点和观察，倾听他人的见解，并通过互动交流来丰富彼此的道德视野和思考。

1. 主题选择与准备

在组织德育研讨会之前，教师需要选择适合的主题，并做好充分的准备工作。主题可以涵盖各个领域的道德问题，如职业道德、社会责任、伦理冲突等。教师可以提供相关的背景材料和案例，以引发学生的兴趣并为讨论提供基础。

2. 小组讨论和互动

德育研讨会通常采用小组讨论和互动的形式。学生可以分成小组，每个小组讨论特定的议题，并就自己的观点、经验和观察进行交流。教师可以担任指导者的角色，引导学生进行深入的讨论，促进他们之间的思想碰撞和交流。

3. 圆桌会议和专家分享

除了小组讨论，德育研讨会还可以采用圆桌会议的形式。圆桌会议可以邀请专家学者、行业人士或相关领域的专业人士来分享他们的见解和经验。学生可以与专家进行面对面的交流，并就特定议题提出问题和观点。这种交流和互动有助于学生从不同的角度理解道德问题，并深化他们的道德思考。

4. 德育研究小组和项目

为了更深入地研究和探讨特定的道德议题，高职院校可以组织德育研究小组或项目。学生可以自愿加入研究小组，进行深入的文献研究和实证研究，并撰写相关的研究报告或论文。这种研究项目可以培养学生的研究能力和学术素养，同时加深他们对道德问题的理解和思考。

5. 总结与分享

德育研讨会的最后阶段，可以进行总结与分享。教师可以邀请学生分享他们在讨论过程中的收获和心得体会，以及对道德问题的新的理解和观点。这样的分享可以促进学生之间的交流和互相启发。教师可以提供反馈和评价，鼓励学生进一步思考并发展他们的道德思维和决策能力。

通过德育研讨会和讨论，学生可以更加全面地理解和掌握道德原则和行为规范，提高道德素养和职业道德能力。这样的活动能够使学生在思想上得到锻炼，增强他们的道德意识和责任感，并为将来的职业生涯做好准备。

二、社区服务

社区服务是指学生参与社区公益活动，为社区居民提供帮助和服务。高职院校可以与社区组织合作，组织学生参与各种社区服务项目，如义务劳动、环境保护、文化传承等。学生可以通过社区服务活动，了解社区的需求和问题，并通过实际行动回馈社区，提升其社会责任感和关爱他人的意识。

（一）意义与目标

社区服务活动的主要目标是为社区居民提供帮助和服务，回馈社区并提升社会责任感。通过参与社区服务，学生能够加深对社会问题和社区需求的认识，培养关爱他人、乐于助人的品质，并提高他们的团队合作能力和实践技能。

（二）合作与合作伙伴关系

高职院校可以与社区组织、非营利组织或志愿者机构建立合作伙伴关系。通过与这些机构合作，学校可以获得社区服务项目的支持和指导，确保活动的有效性和可持续性。合作伙伴关系可以为学生提供更广阔的社区服务平台，并促进学校与社区的良好互动。

（三）社区需求调研

在组织社区服务活动之前，学校可以进行社区需求调研，了解社区的需求和问题。可以通过问卷调查、面对面访谈或参观调研等方式进行。通过调研，学生可以深入了解社区的具体情况，为后续的服务项目设计提供依据。调研的结果可以帮助学校确定合适的服务项目，确保所提供的服务与社区需求相匹配。

（四）项目设计与实施

基于社区需求调研的结果，学校可以设计相应的社区服务项目。这些项目包括义务劳动、环境保护、文化传承等。学生可以根据自己的兴趣和专业背景选择参与的项目，并在指导老师的帮助下实施。项目的设计应注重学生的参与度和项目的实际效果，既能够满足社区需求，又能够提升学生的社会责任感和实践能力。

（五）参与服务

学生参与社区服务活动时，可以为社区居民提供各种形式的帮助和服务。包括志愿劳动，如清洁公共区域、维护社区设施等；环境保护，如参与垃圾分类、植树造林等；文化传承，如组织文艺演出、传统文化展示等。通过这些服务活动，学生能够直接接触到社区居民，了解他们的需求和问题，并通过实际行动回馈社区。

社区服务是高职院校德育教育的重要组成部分。学生通过参与社区服务活动，不仅能够提供帮助和服务于社区居民，更重要的是能够增强其社会责任感、关爱他人的意识和团队合作能力。这种实践体验不仅能够拓宽学生的视野，增强他们的实践能力和专业素养，还有助于树立学生良好的社会形象和价值观。

三、志愿者活动

志愿者活动是指学生以志愿者的身份参与社会公益活动，为弱势群体提供支持和帮助。高职院校可以与各类志愿者组织合作，组织学生参与志愿者服务项目，如关爱老人、支教支援、环保行动等。学生可以通过志愿者活动，感受他人的需求和困境，并通过实际行动传递爱心和温暖，培养同理心和关爱他人的品质。

（一）志愿者服务项目的选择

高职院校可以与各类志愿者组织合作，选择与学生所学专业相关的志愿者服务项目。例如，医学类专业的学生可以参与医疗义诊活动，为贫困地区的居民提供免费的医疗服务；教育类专业的学生可以参与支教活动，为农村地区的学生提供学习辅导和关爱。通过选择与专业相关的志愿者服务项目，学生能够将所学的专业知识和技能应用到实际服务中，增强实践能力和专业素养。

1. 医学类专业的志愿者服务项目

医学类专业的学生可以参与各类医疗义诊活动和健康宣教活动。他们可以为大众提供免费的医疗咨询和基本医疗服务，为贫困地区的居民提供健康支持和帮助。例如，学生可以参与眼科筛查，为贫困地区的居民进行眼部检查，并提供相应的治疗和建议。此外，学生还可以组织健康宣教讲座，向社区居民传授基本的健康知识和预防疾病的方法。

2. 教育类专业的志愿者服务项目

教育类专业的学生可以参与支教和教育辅导活动。他们可以到农村地区的学校，为学生提供学习辅导和关爱。例如，学生可以开展英语教学活动，提供基础英语培训，并与学生进行交流和互动。此外，学生还可以组织课外活动，如绘画、音乐、体育等，为学生提供全面的发展机会。通过支教活动，学生可以为农村地区的学生提供教育资源和关爱，帮助他们更好地实现自己的潜能。

3. 社区环境保护类专业的志愿者服务项目

社区环境保护类专业的学生可以参与各种环境保护活动，如清洁行动、垃圾分类宣传、植树造林等。他们可以与社区居民一起清理垃圾、美化环境，增强社区居民的环保意识和参与度。例如，学生可以组织清洁行动，清理社区内的垃圾，并宣传垃圾分类的重要性。同时，学生还可以组织植树造林活动，增加绿化面积，改善社区的生态环境。

4. 文化传承类专业的志愿者服务项目

文化传承类专业的学生可以参与文化传承相关的志愿者服务项目，包括文化活动组织、传统技艺传承和文化保护等。学生可以参与组织社区内的文化活动，如传统节日庆祝、艺术展览和演出等，以促进文化传统的传承和发展。此外，还可以参与传统技艺的传承，如书法、绘画、传统手工艺等，与老师傅或传统艺人学习并传承相关技艺，使文化传统得以延续。学生还可以参与文化保护项目，如历史建筑保护、非物质文化遗产保护等，为保护和传承社区文化遗产贡献自己的力量。

通过志愿者服务项目，学生能够与社区居民建立联系和互动，了解他们的需求和期望，并以实际行动回馈社区。志愿者服务活动不仅提供了学生实践与应用专业知识的机会，还培养了他们的社会责任感、同理心和团队合作精神。通过服务他人，学生能够拓宽自己的视野，认识到自己作为一名公民的责任和义务，从而成为有社会责任感的人才。

同时，高职院校还可以通过与志愿者组织建立合作关系，提供给学生参与志愿者活动的平台和机会。学校可以组织志愿者培训，提供必要的技能和知识，帮助学生更好地参与志愿者服务项目。此外，学校可以组织志愿者团队，定期安排志愿者活动，并对学生的参与进行记录和评价，以鼓励和认可学生的志愿服务。

志愿者服务项目是高职院校德育教学中重要的一部分。通过与社区合作，选择与专业相关的志愿者服务项目，学生能够将所学的专业知识和技能应用到实际服务中，同时培养社会责任感、同理心和团队合作精神。志愿者服务活动不仅使学生体验到为他人奉献的喜悦,还能增强他们的社会意识和关爱他人的品质,成为有社会责任感的综合素养人才。

(二)接触和了解弱势群体的需求

志愿者活动让学生直接接触到弱势群体,了解他们的需求和困境。通过与弱势群体互动和交流,学生能够更深入地理解他人的处境,并从中感受到他人的需求和希望。这样的经历有助于培养学生的同理心和关爱他人的品质,让他们更加关注社会的不公和不平等,并为改善社会做出积极的贡献。

首先,与弱势群体接触可以让学生了解他们的生活环境和日常挑战。学生可以与贫困家庭、残障人士、失业者、孤寡老人等不同群体进行交流,并听取他们的故事和经历。通过这样的互动,学生能够更加真实地了解弱势群体所面临的困境,包括经济贫困、社会歧视、心理压力等。有助于学生打破对弱势群体的刻板印象,加深对社会问题的认识和关注。

其次,与弱势群体接触可以帮助学生洞察他人的需求和希望。通过与弱势群体的互动和交流,学生可以听取他们的心声和期待,了解他们对改善生活的渴望和希望。这种互动有助于学生更加细致地观察他人的需求,并从中寻找解决问题的途径和方法。学生可以通过倾听和理解,为弱势群体提供有针对性的帮助和支持,帮助他们改善生活条件和提升幸福感。

此外,与弱势群体接触可以促使学生反思自己的价值观和生活态度。通过与弱势群体的交流,学生可以对比自身的经历和条件,认识到自己所拥有的资源和机会,并反思自己的责任和义务。这种反思可以激发学生对社会不公和不平等的敏感性,引导他们思考如何通过个人的努力和社会行动来推动社会的公正和进步。

与弱势群体接触和了解他们的需求是志愿者活动的重要目标。通过这样的互动和交流,学生能够更深入地了解弱势群体的生活环境和困境,培养同理心和关爱他人的品质,并从中获得启发和正能量。

四、活动设计与实施

活动设计与实施是高职院校在组织学生参与德育活动、社区服务和志愿者活动时的重要环节。这些活动的设计和实施需要考虑到学生的专业背景和兴趣,并与课程内容相结合,使学生能够将所学的知识和技能应用于实际情境中。

(一)活动目标和内容的明确性

在活动设计阶段,教师需要明确活动的目标和内容。活动的目标可以涵盖德育、专业技能培养和个人成长等方面。例如,通过德育活动,目标可能是培养学生的道德意识和职业道德能力;通过社区服务,目标可能是提高学生的社会责任感和团队合作能力。活动内容应与目标相符,并根据学生的专业背景和兴趣进行设计,以使学生能够充分参与和应用所学的知识和技能。

1. 活动目标的明确性

活动目标是对期望达到的结果进行明确的描述，反映了活动的目的和意义。目标的设定应具备以下特点。

（1）具体性

目标应该具体明确，描述具体的学习成果或预期的影响。例如，培养学生的道德意识、提高社会责任感、发展团队合作能力等。

（2）可衡量性

目标应具备可衡量的标准，以便能够评估活动的成效和学生的学习成果。可以使用具体的指标或评估方法进行衡量，例如，问卷调查、学生自评或观察记录等。

（3）可达性

目标应该是学生在一定时间内能够实现的，应考虑到学生的能力和资源限制。目标的设定应合理可行，能够激发学生的积极性和参与度。

2. 活动内容的匹配性

活动内容应与活动目标相符，并根据学生的专业背景和兴趣进行设计。活动内容的设计应具备以下特点。

（1）目标导向性

活动内容应直接服务于活动目标，有助于实现预期的学习成果。每个活动内容应与目标之间存在明确的关联和对应关系。

（2）专业整合性

针对不同专业的学生，活动内容应与其所学专业相关，将所学的知识和技能应用于实际情境中。这样能够提高学生的专业素养和实践能力，使他们能够更好地理解和应用所学的内容。

（3）兴趣引导性

活动内容应考虑学生的兴趣和参与度，激发学生的积极性和主动性。通过与学生的互动和参与，教师可以了解学生的兴趣爱好，从而设计出更具吸引力和参与度的活动内容。

3. 活动计划与时间安排

教师需要制订活动计划和时间安排，确保活动能够顺利进行。计划和时间安排应考虑到活动的复杂性、学生的课程安排和学生的可用时间。下面是做活动计划和时间安排时应考虑的一些因素。

（1）活动时间

确定活动的具体日期和时间，以便学生能够提前安排自己的时间参与活动。考虑到学生的课程表和其他学术活动，应选择适当的时间段，确保尽可能多的学生能够参与。

（2）活动持续时间

确定活动的持续时间，包括活动的总时长和分阶段的时间分配。根据活动内容的复杂程度和学生的可用时间，合理分配时间，确保活动能够充分展开并达到预期效果。

（3）活动流程安排

制订活动的详细流程安排，包括各项任务、活动环节和时间分配。确保活动的各个环节衔接紧密，有序进行，以提高学生的参与度和效果。

（4）资源准备

考虑到活动所需的资源和物资，提前准备所需的设备、材料和场地。确保活动所需的资源能够及时提供，并符合安全和质量要求。

（5）人员安排

确定活动所需的工作人员和志愿者，并为他们分配相应的任务和责任。确保活动中有足够的工作人员来支持和协调活动的顺利进行。

（6）风险评估和安全措施

评估活动可能涉及的风险和安全问题，并采取相应的预防和保护措施。确保学生和参与人员的安全，避免潜在的意外和伤害事故发生。

通过合理的活动设计和实施，学生能够有机会参与和应用所学的知识和技能，培养实践能力和专业素养。活动的明确目标和内容可以指导教师和学生，确保活动的有效性和教育价值。同时，合理的活动计划和时间安排可以提供足够的时间和资源，让活动能够顺利进行并达到预期的效果。

（二）组织和安排的有效性

活动的实施阶段需要有相关的组织和安排，确保活动的顺利进行。教师可以负责活动的策划和组织，包括场地预订、嘉宾邀请、物资准备等。同时，教师还应根据活动的性质和规模分配学生的任务和角色，确保每个学生在活动中都能够有所贡献和参与。合理地组织和安排可以提高活动的效果，使学生能够有序地进行学习和实践。

1. 活动策划

在活动策划阶段，教师应明确活动的目标、内容和预期成果。根据学生的专业背景和兴趣，确定活动的主题和形式，并与相关的利益相关者（如社区组织、志愿者组织）进行合作。制订详细的活动计划，包括时间表、任务分配、资源准备等内容。

2. 学生角色分配

根据活动的性质和目标，将学生分为小组或个人，并分配特定的角色和任务。确保每个学生都能够发挥自己的专长和兴趣，同时培养他们的合作和领导能力。学生可以担任活动的组织者、志愿者协调员、讲者、演讲者等角色，以充分发挥他们的潜力和参与度。

3. 资源准备

提前准备活动所需的资源和物资，包括场地、设备、教材、宣传资料等。确保资源的可用性和适应性，以支持活动的顺利进行。同时，教师可以协调与合作伙伴和赞助商合作，获得额外的资源支持。

4. 沟通和协调

建立良好的沟通渠道，确保所有参与者之间的信息流畅和及时。教师可以使用多种沟通工具，如电子邮件、在线平台、社交媒体等，与学生和其他合作伙伴保持密切联系。同时，教师还应协调学生之间的合作，确保团队协作的顺利进行。

5. 风险评估和管理

在活动实施前进行风险评估，并采取相应的措施来减轻和管理风险。教师应考虑潜在的风险因素，如安全问题、意外事件等，并采取适当的预防措施，如提供必要的安全培训、购买保险等。

（三）教师的角色与指导

在活动进行过程中，教师需要扮演指导者和引导者的角色，引导学生参与活动并提供相关的指导和支持。教师可以提供必要的背景知识，引导学生思考和探讨道德问题，并帮助学生进行反思和总结。教师还应积极参与活动，与学生进行互动和讨论，激发学生的学习兴趣和思维深度。

1. 提供相关知识和资源

教师在活动中起到传授知识的作用，为学生提供相关的背景知识、道德理论和实践经验。教师可以通过讲座、讨论、案例分析等方式，引导学生深入理解道德问题和职业伦理，培养他们的道德思维和判断能力。

2. 引导学生思考和探索

教师鼓励学生主动思考和提出问题，在活动中引导学生深入探索道德议题和职业伦理问题。他们鼓励学生从多个角度思考，促进学生的批判性思维和创新思维的发展。通过提问、辩论和讨论等方式，激发学生的学习兴趣。

3. 提供指导和支持

教师在活动进行中提供必要的指导和支持，帮助学生克服困难和挑战。与学生进行交流和互动，关注学生的学习进展和个人发展。教师通过提供反馈和建议，帮助学生改进自己的表现，并发掘其中潜在的能力和机会。

（四）活动的评估和反馈

活动结束后，教师应与学生进行评估和反馈，以了解活动的效果和学生的学习成果。评估可以包括定量和定性的方法，如问卷调查、学生自评、观察记录等。通过评估结果，可以了解学生在活动中的参与程度、学习收获和发展情况。教师还可以与学生进行反馈交流，倾听他们的意见和建议，并提供必要的指导和建议。

1. 定量评估

教师可以设计问卷调查或使用评分表等工具进行定量评估。问卷调查可以包括多项选择题、单选题和开放性问题，用于了解学生对活动内容、组织安排和学习成果的评价。评分表可以用来评估学生在活动中的表现和学习效果，如参与度、专业知识应用、团队合作等方面的评分。定量评估可以提供客观的数据和指标，帮助教师对活动进行量化分析和比较。

2. 定性评估

除了定量评估，教师还可以进行定性评估，了解学生对活动的主观感受和体验。定性评估可以通过学生自评、小组讨论、写作反思等方式进行。教师可以鼓励学生表达他们的想法、感受和体会，了解他们对活动的认识和改变。定性评估能提供更深入的信息和学生的个人观点，有助于综合评估活动的影响和效果。

3. 反馈交流

教师应与学生进行反馈交流，了解他们对活动的意见、建议和反思。教师可以组织小组讨论、个人面谈或线上讨论，鼓励学生分享他们的观点和体验。教师应倾听学生的声音，并提供必要的指导和建议，帮助他们更好地理解和应用所学的道德原则和技能。

4. 教师评估和观察

教师在活动进行过程中应进行观察和评估，记录学生的参与度、表现和互动情况。教师可以观察学生的思维能力、沟通技巧、合作态度等方面，并及时提供反馈和指导。教师的评估和观察可以作为定性评估的重要依据，补充定量评估的数据和结果。

（五）持续地改进和优化

教师和学校应对德育活动、社区服务和志愿者活动进行持续地改进和优化。通过评估和反馈结果，可以发现活动中存在的问题和改进的空间，并及时采取措施进行调整和改进。教师可以参考其他学校或组织的经验和做法，借鉴最佳实践，提高活动的质量和效果。此外，教师还可以与社区组织和相关机构保持合作和沟通，共同提升活动的可持续性和影响力。

1. 反思和总结

教师和学校应定期反思和总结活动的效果和经验。回顾活动的目标和计划，评估学生的参与度和学习成果，并分析活动的成功因素和改进点。通过反思和总结，获得宝贵的经验教训，并为下一次活动的设计和实施提供参考。

2. 收集外部反馈

教师和学校可以邀请外部专家、合作伙伴和社区代表参与活动评估，并提供反馈和建议。外部的观察和意见可以为活动的改进和发展提供客观的视角和价值指导。

3. 学生参与

学生是活动的核心参与者，他们的意见和反馈对活动的改进至关重要。教师和学校应鼓励学生积极参与活动的评估和反馈过程，倾听他们的声音，了解他们的需求和期望。学生的参与可以增加活动的可行性和有效性，并激发他们的主动性和责任感。

4. 持续的专业发展

教师应不断提升自己的专业知识和技能，跟进最新的德育理念和实践。参加教育研讨会、培训课程和专业交流活动，了解最新的教学方法和评估工具。通过持续地专业发展，教师可以提高自己的教学能力和指导水平，为活动的改进和优化做出贡献。

5. 合作与分享

教师和学校应积极与其他学校、社区组织和相关机构合作和分享经验。例如，参加教育联盟、网络平台和研讨会，与其他教师和专业人士交流，分享成功的经验和挑战。通过合作与分享，可以拓宽视野，获得更多的启发和建议，为活动的改进和优化提供更多的资源和支持。

通过持续地改进和优化，教师和学校可以不断提升德育活动、社区服务和志愿者活动的质量和效果，培养学生的道德品质和职业素养，增强他们的社会责任感和公民意识。同时，这也为学校树立了良好的社会形象和品牌形象，促进与社会各界的合作和支持，共同促进社会的发展和进步。

活动设计与实施是高职院校德育教学活动与社会实践的关键环节。通过明确活动目标和内容、有效的组织和安排、教师的指导和反馈及持续的改进和优化，可以提高活动的质量，培养学生的社会责任感、公民意识和职业道德能力。这些活动不仅丰富了学生的实践经验，还让他们深入了解社会问题和职业挑战，并在实际行动中应用道德原则和价值观。同时，这些活动也为学生提供了与社会各界人士和组织合作的机会，拓展了他们的人际交往和团队合作能力，为未来的职业发展打下了坚实基础。

第二节　培养学生的责任感和社会参与意识

随着社会转型和经济转轨的不断深入，人们思想活动的独立性、选择性、多变性和差异性日益增强，高职院校部分学生身上出现了责任意识薄弱、理想信念模糊、价值取向扭曲、社会公德意识淡薄等社会责任感缺失的问题。高职院校必须紧密结合自身办学实际，整合多方面力量，加强对学生社会责任感的培养。丰富培育内涵、创新培育形式、健全培育机制，是培育高职院校学生社会责任感的有效路径。

一、丰富内涵，营造社会责任感培育的空间

（一）人文精神与社会责任感的培育

人文精神是一种普遍的人类自我关怀，表现为对人的尊严、价值的维护、追求和关切，是一种对全面发展理想人格的肯定。它的基本涵义就是尊重人的价值，尊重精神的价值。缺失了这种人文精神，人们就很难树立崇高的社会责任感。从目前高职院校的办学情况看，出于市场需求和就业压力，教育存在着急功近利的现象，人文素质教育相对薄弱。按照贯彻落实科学发展观的要求，高职院校人文素质教育的实质，就是要在人才培养中贯彻以人为本的基本理念，使学生在学习和实践过程中逐步理解和贯彻这一理念，从根本上提高高职院校学生的素养，培养他们的人文精神。

(二)感恩意识与社会责任感的培育

感恩意识是因受人之恩而在大脑中产生的报恩反应，是综合感觉所形成的对报恩的知觉、思维等。只有具有正确的感恩意识，才会以感恩的心态对待周边的人和事，因接受恩惠而感恩，因感恩而负责，从而更加努力地去改善身边的一切。当前社会正处于大发展、大变革、大调整的关键期，价值观的多元化和市场经济的负面效应使青年学生的思想观念、价值取向、生活方式等发生巨大变化，感恩意识的弱化直接造成一部分学生社会责任感的缺失。中国自古即有"滴水之恩，涌泉相报"的美德，以这种古朴的传统美德为核心的责任教育，就是感恩教育。加强感恩教育理应成为高职院校学生社会责任感培育的重要内容。首先，在培养学生爱父母的同时还应教育他们尊敬别的老人，尊老、敬老、爱老是中华民族的传统美德。其次，感恩还包括感激国家的培养之恩，建设祖国、报效祖国，是社会责任感的集中体现。再次，感恩还包括感激社会的仁爱之恩，和谐社会的建设要求大学生怀有对社会感恩之心。最后，感恩还包括对大自然的感激之情，人类首先是大自然的产物，大自然是人类生存的源泉。

(三)爱国情感与社会责任感的培育

爱国主义是公民对祖国和民族的一种深厚情感。千百年来，它流淌在中华民族的血液中，为国家和民族的强大提供了不竭动力。就目前高职学生的情况来看，爱国情感往往只在重大政治事件中才明显体现，平时生活中，他们对国家政治、经济、社会大事甚少关心。高职学生爱国情感的尘封，造成其行为往往缺乏基本的社会责任感。另外，高职院校的学生来自不同地区，生源差异较大，学生之间的生活方式、生活习惯、思想意识、宗教信仰等也不同，学校更需要帮助学生树立新时代正确的爱国主义观，增强大学生的爱国情感，并提升为浓厚的社会责任感。

(四)公德素质与社会责任感的培育

社会公德是在人类长期社会实践中逐渐形成的、要求每个社会公民在履行社会义务或涉及社会公众利益的活动中应当遵循的道德准则。就目前高职学生的情况来看，大多数学生具有较高的社会公德意识，但是由于体制变革的冲击、传统伦理道德的缺失、重智轻德的教育偏差，学生公德失范、社会责任感丧失现象也时有发生。高职院校要营造良好的社会公德氛围，加强学生的公德实践，提高学生公德素质，成为培育学生社会责任感的重要阵地。

二、创新形式，拓宽社会责任感培育的途径

(一)加强各类教育活动，丰富校园文化活动

教育活动是学生社会责任感培育的重要载体。学校应结合实际开展灵活多样的教育活动，如主题班会、演讲会、辩论比赛，利用重大节庆日开展主题教育活动等，在这些活动中培养和强化学生的社会责任意识，培养他们的爱国主义和集体主义精神。在教学活动中要充分重视用富有时代精神和强烈社会责任感的劳模人物和学生身边的"责任典型"教育

激励学生，使他们学会对自己、对他人、对社会负责。校园文化活动是大学生的"第二课堂"，是加强大学生社会主义核心价值观教育的重要渠道，具有潜移默化的导向功能和育人功能。随着教育改革的不断深入和素质教育的全面推进，校园文化活动在大学生综合素质的培养和提高中发挥着越来越重要的作用。加强高校广播、校报、板报及宣传栏建设，积极发挥正确的舆论导向作用，树立模范榜样，用平日接触的事例来感化学生。完善校园文化设施，使学生在有利于全面发展的大学文化、大学精神的熏陶下健康成长。

（二）加强社会实践活动，利用社会大课堂

社会实践是高职院校的培养方式之一，大学生可以通过社会实践接触社会、了解社会，提高社会责任感，培养自强自立、艰苦奋斗的奉献精神。青年学生的价值观是在现实生活和社会实践中形成的，也只有在现实生活和社会实践中才能改变。在引导大学生时，应给他们提供更多的实习岗位，让他们及早接触社会，使其在社会实践活动中受到思想上的教育，感受到自身的责任。通过社会实践和实习活动，学生可以获得积极的情感体验，提高服务社会的自觉性和主动性，从心理上和行为上真正形成社会责任感。社会实践活动要注重形式和内容的多样化。例如，大学生在采访老革命、老战士后，会产生民族自豪感及作为一名和平年代青年的责任感；参加"爱护运河"活动后，会比原来更进一步体会到保护环境的重要，一方面感受到辛酸，另一方面也意识到自己的责任。大学生还可以通过社会实践走进社区、走进农村、走进福利院等，与不同的人群直接接触，从而触发自己的责任心。特别要提出的是，除了一般性实践活动，高职院校还应该组织学生走进车间、走进企业，将课堂所学的专业知识应用于实践中，从而提高技能，真正达到应用型人才的培养目标，从职业道德和职业能力方面切实提高高职学生的社会责任感。

（三）利用各种形式，加强体验式教育

高职院校由于在师资力量、学校设备、学校经费等方面相对薄弱，体验式教育更需要注重实效性。通过打破传统的教育理念，将课堂与课后相结合，发挥学生的主体性，将情景式学习、自主学习、实践学习和师生之间的互动学习等学习方式进行有效结合，来开展体验教育，是高职院校的培养方式之一，大学生可以通过社会实践接触社会、了解社会，提高社会责任感，培养自强自立、艰苦奋斗的奉献精神。

在引导大学生时，应给他们提供更多的实习岗位，让他们及早接触社会，使其在社会实践活动中受到思想上的教育，感受到自身的责任。通过社会实践和实习活动，学生可以获得积极的情感体验，提高服务社会的自觉性和主动性，从心理上和行为上真正形成社会责任感。社会实践活动要注重形式和内容的多样化。例如，大学生在采访老革命、老战士后，会产生民族自豪感及作为一名和平年代青年的责任感；参加"爱护运河"活动后，会比原来更进一步体会到保护环境的重要，一方面感受到辛酸，另一方面也意识到自己的责任。大学生还可以通过社会实践走进社区、走进农村、走进福利院等，与不同的人群直接接触，从而触发自己的责任心。特别要提出的是，除了一般性实践活动，高职院校还应该组织学生走进车间、走进企业，将课堂所学的专业知识应用于实践中，从而提高技能，真

正达到应用型人才的培养目标,从职业道德和职业能力方面切实提高高职学生的社会责任感。

三、健全机制,增强社会责任感培育的体系

(一)建立家庭、学校和社会在高职院校责任意识培育上的协同机制

父母对子女的影响巨大。马克思、恩格斯曾指出:"孩子的发展能力取决于父母的发展。"在欧洲一些国家,法律明文规定孩子到了六岁即开始在家中担负的责任,并在孩子成长的不同阶段,规定了不同的义务。同时,实现与企业文化的对接是高职高专教育的应有之义,企业要求员工有责任感,学校只有培养学生的责任感,才能达成和企业一致的目标。所以,家庭、学校和社会对孩子责任感的培养,不是互相孤立甚至对立的,而应该是一种协同的关系。家庭、社会、学校三方应积极配合,给予学生更多的关注、宽容和发展空间,教导他们尽量多去考虑别人,让他们明白自己的社会角色及相应的社会责任。学校还应引导大学生树立起正确的自我意识,自觉地把社会的需要内化为个人的成才目标,在对社会的奉献中实现自我价值。通过协同机制,提高大学生的社会责任感势必能达到事半功倍的效果。

(二)发挥学生干部的"桥梁"作用

学生干部的作用应当是联系普通学生与老师之间的"桥梁"。在实际操作中,很多老师包括班主任、辅导员,除了和学生干部熟悉之外,对其他学生甚至叫不出名字,可见老师对学生的了解相当少。有些老师将学生干部"助手"的作用不正确地扩大化,甚至将很多工作布置给学生干部后不闻不问,导致一些学生干部在工作中欺上瞒下,还有的学生通过学生干部的身份为自己谋取不正当的利益,学生干部因此成为特权身份的象征。因此,选择适合的学生担任学生干部尤为重要。老师应该主动关心、指导、监督学生干部的工作,通过学生干部更好地接触、关心所有学生,在学生中形成有效的民主监督机制。另外,还要做好学生干部,尤其是党员学生干部思想和能力的培养,使其正确认识到学生干部的重要作用和优秀学生干部的标准,真正发挥好学生干部的"桥梁"作用。

(三)建立社会责任感评价和考核体系

学校教育应该把社会责任感作为学生评优与升学中的一项重要考查科目。同时,在社会责任感的评价体系中,应当精简和优化社会责任感的考核指标,使其在实践中可行。除了在学校,在其他领域,社会责任感也可以作为一项必要的考核内容,如在公务员的录用与政绩考评、企事业员工的录用与晋职加薪等方面。

第七章　高职院校德育教学激发学生的参与主动性

第一节　鼓励学生参与德育活动的规划和组织

一、设定明确的目标

确定德育活动的目标和意义。目标可以涵盖道德素养、职业伦理能力、人际关系、社会责任感等方面。确保目标与学校的德育理念和教学目标一致。

（一）道德素养目标

在德育活动中，重要的目标之一是培养学生的道德素养。包括培养学生的道德意识、价值观和道德判断能力。通过参与德育活动，学生能够深入思考道德问题，并学会通过道德准则指导自己的行为。目标是培养学生成为具有良好道德品质和道德自觉的个体。

（二）职业伦理能力目标

另一个重要目标是培养学生的职业伦理能力。高职院校的学生通常接受专业培训，因此德育活动应与专业领域相结合。活动旨在帮助学生理解并应用相关的职业伦理准则，培养诸如诚信、责任感、职业道德和职业规范等能力。目标是培养学生成为具有职业操守和道德勇气的职业人才。

（三）人际关系目标

德育活动也可以帮助学生发展健康的人际关系。包括培养学生的沟通能力、合作精神和团队合作能力。通过参与各种合作性德育活动，学生可以学会倾听他人、尊重差异、解决冲突和建立积极的人际关系。目标是培养学生具有良好人际交往能力和团队合作精神。

（四）社会责任感目标

德育活动还应培养学生的社会责任感。学生应该意识到自己作为社会成员的责任，并积极参与社会服务和公益活动。这些活动可以帮助学生了解社会问题和弱势群体的需求，目标是培养学生成为有社会责任感的公民。

为了确保德育活动的目标与学校的德育理念和教学目标一致，需要教师、学校、教育部门进行密切合作。

二、调查需求和兴趣

了解学生的需求和兴趣,通过问卷调查、小组讨论等形式获取学生的反馈。这有助于确定学生对不同类型的德育活动的兴趣和期望,以便更好地满足他们的需求。

(一)问卷调查

设计针对学生的问卷调查,涵盖德育活动的各个方面,如主题选择、活动形式、时间安排等。问卷可以采用定量和定性的问题,既可以提供具体的选项,也可以留白供学生自由发表意见。确保问卷设计简洁明了,易于填写,并提供匿名选项,以鼓励学生真实表达自己的想法。

(二)小组讨论和焦点小组

组织小组讨论或焦点小组,邀请学生代表参与讨论。通过小组讨论,学生可以自由表达他们对德育活动的期望、兴趣和需求。教师或组织者可以引导讨论,确保各个方面的意见都得到充分表达和讨论。

(三)学生代表参与规划

在德育活动的规划过程中,可以邀请学生代表参与讨论和决策。学生代表可以就学生群体的需求和兴趣提出建议,并在活动设计和组织中发挥积极的作用。这种方式可以让学生感到被重视和参与其中,增加他们对德育活动的投入感。

(四)倾听学生反馈

学校应该建立渠道,让学生随时提供反馈和意见。可以设立意见箱、电子邮件或在线反馈平台,供学生随时提交他们对德育活动的反馈。学校应及时回复学生的反馈,并根据反馈意见做出适当的调整和改进。

(五)个别沟通和关怀

教师和辅导员可以与学生进行个别沟通,了解他们的需求和兴趣。在课堂上、辅导时间或个别会议中,教师可以主动与学生交流,询问他们对德育活动的看法,并提供个别化的建议和支持。

通过以上方法和策略,学校可以有效地了解学生的需求和兴趣,从而更好地规划和组织德育活动。这样的参与和反馈机制不仅可以满足学生的期望,还可以增加他们的参与度和投入感,提升德育活动的效果和质量。

三、多样化活动形式

设计不同形式的德育活动,包括讲座、工作坊、小组讨论、角色扮演、案例分析等。通过多样化的活动形式,激发学生的兴趣和参与度,提供不同的学习体验。

(一)讲座

讲座是一种传统的德育活动形式,可以邀请专家学者、行业人士或成功人士来校园进行讲座。讲座可以涵盖不同主题,如道德理念、职业道德、领导力和人际关系等。通过专家的分享和讲解，学生可以获取新的知识和观点，以扩展他们的道德视野。

（二）工作坊

工作坊是一种互动性强的德育活动形式，通过小组合作和实践性的任务，促进学生的学习和发展。工作坊包括团队合作、问题解决、决策制定等活动，让学生在实际情境中运用道德准则和技能。教师可以担任指导者的角色，引导学生参与讨论和反思，以及提供必要的指导和支持。

（三）小组讨论

小组讨论是一种学生参与度高的德育活动形式。通过组织小组讨论，学生可以分享观点、交流经验，并共同探讨道德问题和挑战。教师可以提供相关的话题或案例，引导学生进行讨论，鼓励他们提出不同的观点和解决方案。小组讨论可以培养学生的批判思维、合作能力和表达能力。

（四）角色扮演

角色扮演是一种互动性很强的德育活动形式，让学生在模拟的情境中扮演不同的角色，并面对道德冲突和抉择。通过角色扮演，学生可以体验不同角色的立场和观点，理解道德决策的复杂性，并锻炼解决问题和冲突的能力。教师可以设计不同的情境和角色，引导学生进行反思和讨论。

（五）案例分析

案例分析是一种通过实际案例进行分析和讨论的德育活动形式。教师可以提供真实或虚构的案例，涉及道德问题和职业伦理挑战。学生可以独立或小组进行案例分析，评估不同行为和决策的道德性，并提出解决方案和建议。通过案例分析，学生能够运用道德准则来评估不同行为的后果和影响，培养批判思维和道德决策能力。

在设计德育活动时，需要根据学生的特点和兴趣，结合课程内容和学校的德育目标，合理选择和组成不同的活动形式。多样化的活动形式可以激发学生的兴趣和参与度，提供不同的学习体验，促进学生全面发展。

此外，活动形式的选择还应考虑资源和场地的可用性。学校可以充分利用校内外的资源，如专家讲座、实验室设施、社区合作机构等，为德育活动提供丰富的支持和机会。同时，学校还可以利用现代技术手段，如在线讨论平台、虚拟实境技术等，创造更多样化的学习环境和体验。

总之，多样化的活动形式是鼓励学生参与德育活动的重要策略。通过讲座、工作坊、小组讨论、角色扮演和案例分析等形式，学生可以在实践中应用道德准则，培养道德意识、批判思维和职业能力。学校在规划和组织德育活动时，应根据学生需求、教学目标和资源情况综合考虑，确保活动的质量和效果。

四、教师引导和支持

教师在活动中扮演引导者和支持者的角色，提供必要的指导和支持。他们可以引导学生思考道德问题、提供相关背景知识、鼓励学生参与，并提供个人指导和反馈。

首先，教师可以引导学生思考道德问题。他们可以提供引导性的问题，激发学生的思考和讨论。通过提出关键问题和情景，教师可以帮助学生审视不同的道德观点和冲突，引导他们理解道德准则的重要性及对个人和社会的影响。

其次，教师可以提供相关的背景知识和理论支持。他们可以分享道德理论、伦理原则和实践指南，以帮助学生理解道德决策的基础和背景。教师还可以介绍相关的案例和文献，以丰富学生的知识储备，并促使他们更深入地思考和讨论道德问题。

此外，教师还应鼓励学生参与，为学生提供讨论和辩论的机会，鼓励学生表达自己的观点和意见。教师可以采用启发式的教学方法，引导学生从不同的角度思考和评估道德问题，并鼓励他们主动提出问题、独立思考和探索解决方案。

最后，教师应提供个人指导和反馈。他们可以与学生进行一对一的讨论和反馈，了解学生的学习进展和困惑，并提供相关的建议和支持。教师可以帮助学生识别潜在的道德困境和挑战，并与他们共同探索解决方案。个人指导和反馈有助于学生深化对道德问题的理解，提高道德决策能力，并促使他们在实践中应用道德准则。

教师在德育活动中的引导和支持对于学生的道德发展至关重要。他们通过引导学生思考道德问题、提供背景知识和理论支持、鼓励参与和思辨能力，以及提供个人指导和反馈，帮助学生深化对道德准则的理解和应用，并培养他们的道德意识和决策能力。

五、社区合作与实践

与社区组织和相关机构建立合作关系，为学生提供参与社区服务和实践的机会。通过与社区合作，学生可以更深入地了解社会问题和需求，并将所学的道德准则应用于实际情境中。

（一）建立合作关系

高职院校可以与社区组织、非营利机构、公益团体等建立合作关系。这种合作可以通过签订合作协议、建立长期合作机制等形式实现。合作伙伴可以提供社区服务项目和资源，学校可以为合作伙伴提供学生的参与和支持，共同促进社区的发展和改善。

1. 确定合作伙伴

学校应该在社区中寻找具有相关领域专长和资源的合作伙伴。这些合作伙伴可以是社区组织、非营利机构、公益团体等，他们在社区工作中有丰富的经验和资源。合作伙伴的选择应该与学校的德育目标和教学重点相一致，以确保合作的有效性和意义。

2. 签订合作协议

学校与合作伙伴之间可以签订合作协议，明确双方的责任和义务。合作协议可以规定合作的时间、目标、资源分配等具体内容，确保合作关系的稳定性和可持续性。合作协议的签订还能够明确双方的权益和保护学生的权益，确保合作的公平性和合法性。

3. 建立长期合作机制

合作关系应该是长期稳定的，而不仅仅是一次性的活动。学校和合作伙伴可以建立长期合作机制，定期开展社区合作与实践活动，并保持密切的沟通和协调。这样可以为学生提供持续的社区参与机会，并建立起学校与社区的紧密联系。

4. 共同策划项目

学校和合作伙伴可以共同策划社区服务项目和实践活动。双方可以根据学校的德育目标和合作伙伴的专业领域，确定适合学生参与的具体项目。例如，学校的医学类专业可以与医疗机构合作，开展免费医疗义诊活动；教育类专业可以与社区学校合作，开展支教和辅导活动。共同策划项目可以充分发挥学校和合作伙伴的优势，为学生提供有针对性的实践机会。

（二）社区服务项目

学校可以与合作伙伴共同策划和实施各类社区服务项目。这些项目可以涉及环境保护、社区健康、教育支援、文化传承等不同领域。学生可以通过参与社区服务项目，了解社区的需求和问题，并通过实际行动为社区居民提供帮助和支持。

1. 环境保护项目

学生可以参与社区的环境保护活动，如垃圾清理、绿化植树、水源保护等。他们可以与合作伙伴组织一起开展环境教育活动，增强社区居民对环境保护的意识，并推动环境可持续发展。

2. 社区健康项目

学生可以参与社区健康活动，如健康宣传、义诊、健康讲座等。他们可以与医疗机构合作，为社区居民提供健康咨询和服务，促进社区居民的健康意识和健康生活方式。

3. 教育支援项目

学生可以参与社区教育支援活动，如辅导班、阅读推广、学习资源共享等。他们可以与社区学校合作，为有需要的学生提供学习支持和指导，促进教育公平和学习机会均等。

4. 文化传承项目

学生可以参与社区文化传承活动，如传统节日庆祝、非遗项目传承等。他们可以与文化机构和文化传承者合作，帮助传承和弘扬社区的传统文化，增强社区的文化凝聚力和认同感。

5. 社区改善项目

学生可以参与社区改善项目，如社区设施维修、公共空间改造、社区活动组织等。他们可以与社区居民一起协作，改善社区的居住环境和公共设施，提升居民的生活质量。

在这些社区服务项目中，学生能够与合作伙伴组织合作，了解社区居民的需求和问题，并通过实际行动为社区提供帮助和支持。通过参与社区服务项目，学生能够培养关爱他人和社会的责任感，加深对社会问题的认识，并提升自身的实践能力和人际交往能力。

（三）社区参与和互动

学校可以鼓励学生积极参与社区的活动和互动。学生可以参加社区会议、居民活动、公益义工等，与社区居民建立联系和互动。通过与社区居民的接触和交流，学生能够更深入地了解他们的需求和困境，并从中汲取启发和感悟，进一步培养关爱他人和社会的责任感。

1. 参加社区会议

学校可以鼓励学生参加社区会议，了解社区的发展动态和重要议题。这种参与可以让学生了解社区居民的关注点和需求，了解社区问题的解决过程，并为社区发展发声并提供自己的建议。

2. 参与居民活动

学生可以积极参与社区居民组织的各类活动，如社区庆典、义工活动、运动比赛等。通过与居民共同参与活动，学生能够建立起与居民的良好关系，增进相互的了解和信任，并加深对社区居民需求的认识。

3. 争做公益义工

学校可以组织公益义工活动，鼓励学生参与社区服务。学生可以选择参加公益组织的义工项目，为弱势群体提供帮助和支持。通过与需要帮助的人群接触，学生能够深刻体会他人的困境和需求，并培养关爱他人和乐于助人的品质。

4. 社区调研与调查

学生可以主动参与社区调研和调查活动，了解社区居民的需求和问题。他们可以采用访谈、问卷调查等方法收集数据，并分析得出结论和建议。通过调研与调查，学生能够更深入地了解社区居民的真实需求，为后续的社区活动和服务提供有针对性的建议和支持。

5. 社区合作项目

学校可以与社区合作，共同开展与学生专业相关的实践项目。学生可以与社区居民一起参与项目的策划和执行，通过合作与互动，学生能够更深入地了解社区居民的需求和情况，并为他们提供相关的服务和支持。

学校鼓励学生积极参与社区的活动和互动，是培养学生社会责任感和关爱他人意识的重要途径。通过与社区居民的接触和互动，学生能够更深入地了解社区的需求和困境，并从中汲取启发和感悟。这种参与和互动能够拓展学生的意识、提高人际交往能力、培养社会责任感，并为学生的职业发展提供机会。

（四）双向互惠

社区合作与实践应该是双向互惠的过程。学校和学生通过参与社区合作与实践，不仅为社区居民提供了帮助和支持，也能从中获得许多益处和机会。

1. 学生学习机会

通过参与社区合作与实践，学生可以将课堂学习中的理论知识应用于实践中，加深对专业知识和技能的理解和运用。这为学生提供了更丰富、更实际的学习机会，促进他们的综合能力和职业发展。

2. 社区参与和发展

学生参与社区合作与实践，可以为社区居民提供各种支持和帮助，如义工服务、技术支持、教育辅导等。通过与学生的互动和参与，社区居民可以感受到社会的关怀和支持，促进社区的发展和进步。

3. 双向学习与知识分享

社区合作与实践为学生和社区居民提供了互相学习和知识分享的机会。学生可以通过与社区居民的交流和互动，了解他们的经验和智慧，拓宽自己的视野。同时，学生也可以分享自己的专业知识和技能，为社区居民提供有价值的信息和支持。

4. 人际交往与社会网络

通过社区合作与实践，学生可以建立与社区居民、社区组织和相关机构的联系和合作关系。这为学生提供了宝贵的人际交往机会，拓展了人脉网络，并为将来的就业和职业发展打下了基础。

5. 公众形象和声誉

通过积极参与社区合作与实践，学校和学生可以树立良好的公众形象和声誉。社区居民对学校和学生的支持和帮助会产生积极的影响，为学校树立了良好的社会形象，增加了公众对学校的认可和支持。

总之，社区合作与实践应该是一个相互受益的过程，既为学校和学生带来学习和发展的机会，也为社区居民提供帮助和支持。这种双向互惠关系可以促进学生的综合能力和职业的发展，促进社区的发展和进步，并树立学校良好的公众形象。

第二节 提供机会让学生发挥主动性和领导潜力

一、学生组织和社团

鼓励学生参与校内的学生组织和社团活动。学生可以通过加入学生会、社团、俱乐部等组织，参与组织管理、活动策划和执行等工作，锻炼自己的领导能力和组织能力。

（一）多样化的学生组织

学校应该设立多样化的学生组织，涵盖不同的领域和兴趣。如学生会、学术研究组织、文化艺术团体、社会实践团队等。这样可以满足学生不同的兴趣爱好和发展需求，提供广泛的参与机会。

1. 学生会

学生会是代表学生利益和权益的组织，负责组织校内活动、提供服务和代表学生发声。学生会可以包括学生会主席团、部门委员会和班级代表等，以确保学生的要求被听取并提供各种学生服务。

2. 学术研究组织

学术研究组织鼓励学生在特定学术领域进行深入研究和学术交流。这些组织可以是专业协会、学术俱乐部或研究团队，为学生提供学术讨论、学术活动和科研机会，促进学术进步和学科发展。

3. 文化艺术团体

文化艺术团体为喜爱文化艺术的学生提供展示和发展的平台。这些团体包括合唱团、舞蹈团、话剧社、摄影协会等，学生可以通过排练、演出和展览等活动展示自己的才艺，丰富校园文化生活。

4. 社会实践团队

社会实践团队鼓励学生参与社会公益和服务活动，关注社会问题并提供帮助。例如，志愿者团队、社区服务团队、环保团队等，学生可以参与志愿服务、环境保护、扶贫帮困等实践项目，增强社会责任感和关爱他人意识。

5. 体育运动团队

体育运动团队鼓励学生参与各类体育运动和竞技活动。学校可以设立足球队、篮球队、乒乓球队、羽毛球队等，学生可以通过训练和比赛锻炼身体素质、培养团队合作精神，并代表学校参加校际比赛。

（二）学生组织管理经验

学校可以为学生组织提供管理培训和指导，帮助学生学习组织管理的技能和知识。学生可以通过担任组织干部或负责特定项目的角色，学习领导和团队管理的实践经验，培养组织协调能力和决策能力。

1. 管理培训和工作坊

学校可以组织管理培训和工作坊，为学生组织成员提供管理知识和技能的培训。培训内容包括组织架构与职责分工、团队建设与合作、决策与问题解决、沟通与协调等方面。这些培训可以由学校的教师、校友或专业顾问来进行。

2. 指导和辅导

学校可以指派指导教师或辅导员来指导学生组织的管理工作。指导教师可以提供个别指导和反馈，帮助学生厘清工作思路、解决问题、改善组织运作。他们可以与学生组织的负责人定期召开沟通会议，共同制订工作计划和目标，并提供必要的支持和建议。

3. 实践机会和角色扮演

学校可以安排学生组织成员承担不同的角色和责任，如组织干部、项目负责人、活动策划人等。通过实践中的角色扮演，学生能够体验到不同管理职能的要求和挑战，锻炼自己的领导能力、组织协调能力和决策能力。

4. 组织管理实践项目

学校可以组织一些实践项目，让学生组织成员参与管理和执行。例如，学生组织可以承担校内活动的策划和组织工作,负责社团招新活动或大型校园活动的管理。通过实践项目,学生能够全面了解组织管理的各个方面,并学会应对挑战和解决问题。

(三)活动策划和执行

学生组织和社团通常需要策划和组织各种活动,如文化演出、志愿者服务、学术讲座等。学生可以参与活动的策划、执行和评估过程,锻炼了领导能力、团队合作能力和问题解决能力。

1. 确定活动目标和主题

明确活动的目标和意义,确定所要传达的信息或实现的效果。根据学生的兴趣和需求,选择合适的主题和形式,以吸引参与者的关注。

2. 筹备工作

制订详细的筹备计划,包括预算、场地预订、物资采购、人员招募等。确保筹备工作有序进行,按照时间表和预算执行。

3. 组建团队

招募和组建一个具有不同专长和技能的团队,每个成员负责特定的任务。团队成员应具备良好的沟通能力、团队合作能力和时间管理能力。

4. 活动宣传

设计宣传材料,如海报、传单、社交媒体宣传等,吸引更多人参与活动。利用校园媒体、社交媒体、校内广播等渠道进行宣传,确保信息传播广泛。

5. 活动执行

根据策划方案,有条不紊地执行活动。安排好每个团队成员的任务,确保各个环节顺利进行。活动执行期间,要密切关注细节,解决问题和调整计划。

6. 参与者互动和满意度

在活动中鼓励参与者的互动和参与,营造良好的氛围和体验。提供参与者反馈的机会,以了解他们对活动的满意度和改进建议。

7. 活动评估

活动结束后,进行评估和总结,了解活动的效果和学生的学习成果。评估可以通过问卷调查、讨论会或面对面反馈等方式进行。根据评估结果,调整和改进未来的活动策划和执行。

通过参与活动策划和执行,学生能够锻炼自己的领导能力、团队合作能力和问题解决能力。同时,他们也可以学到组织和管理活动所需的技能,为日后的职业发展奠定了基础。

二、创新创业项目

鼓励学生参与创新创业项目,提供创业培训和支持。学校可以设立创业孵化器、提供创业基金、举办创业比赛等,激发学生的创新精神和创业意识,并提供实践机会和资源支持。

（一）设立创业孵化器

学校可以设立创业孵化器，为学生提供创业的场所和资源。创业孵化器可以提供办公空间、设备设施、导师指导等，帮助学生实现创业梦想。

（二）提供创业培训

学校可以开设创业课程或举办创业培训活动，帮助学生了解创业的基本知识和技能。培训内容可以包括商业计划书编写、市场调研、创新思维等方面，提高学生的创业能力和竞争力。

（三）创业基金和投资

学校可以设立创业基金，为有创业潜力的学生提供资金支持。创业基金可以用于项目启动资金、产品研发、市场推广等方面，帮助学生实现创业计划。

（四）创业导师和专家支持

学校可以邀请成功创业者、行业专家等担任创业导师，为学生提供指导和支持。导师可以分享创业经验、提供行业见解，并帮助学生解决创业过程中遇到的问题和挑战。

（五）创业比赛和活动

学校可以举办创业比赛和活动，为学生提供展示和实践创业能力的平台。比赛包括商业计划书竞赛、创意设计比赛等，鼓励学生提出创新创业的想法和方案。

（六）创业资源网络

学校可以建立创业资源网络，与创业相关的企业、机构、投资者等建立合作关系。通过与外部合作伙伴的联系，学校可以为学生提供更广阔的创业机会和资源支持。

通过鼓励学生参与创新创业项目，学校可以培养学生的创新创业意识和能力，激发他们的创造力和创业精神。这不仅有助于学生个人的职业发展，也为社会经济的发展注入新的活力和创造力。

三、学生代表和班级干部

设立学生代表和班级干部制度，让学生担任学生代表、班长、团支书等职务。学生代表和班级干部可以参与学校决策、组织班级活动，发挥自己的领导潜力，代表学生群体发声和提出建议。

（一）选举和任命

学校可以通过选举和任命的方式确定学生代表和班级干部。选举可以通过班级投票或学生代表大会进行，以确保代表和干部的合法性和代表性。

（二）培训和指导

为学生代表和班级干部提供必要的培训和指导，帮助他们了解自己的职责和任务。培训内容可以包括领导能力、组织管理、沟通技巧等方面的培养，以提升他们的工作能力和职业素养。

（三）学生代表会议

定期组织学生代表会议，让代表们汇报工作进展、提出问题和建议，以及讨论学校事务。这种会议可以提供一个平台，让学生代表们互相交流和学习，共同解决问题和改进工作。

（四）班级活动组织

班级干部可以负责组织班级的各类活动，如班会、文体活动、志愿服务等。他们可以与班级同学合作，协调资源和安排活动，促进班级凝聚力和团队合作。

（五）学生代表与学校沟通

学生代表可以成为学生和学校之间的桥梁，代表学生群体发声向学校反馈和提出建议。学校应设立机制，定期与学生代表开展沟通和交流，关注学生的需求和关切，共同改进学校的教育和管理。

通过设立学生代表和班级干部制度，学校可以激发学生的参与意识和领导潜力，培养学生的组织能力、沟通能力和团队合作精神。这有助于学生个人的全面发展，同时也促进学校的民主管理和学生自治，构建和谐的校园氛围。

四、领导力培养项目

开设领导力培养项目，提供专门的培训和指导。学校可以邀请专业的领导力培训机构或专家，开展领导力讲座、研讨会、培训课程等，帮助学生发展领导能力和团队合作能力。

（一）课程设计

设计多样化的领导力培养课程，涵盖领导力原理、沟通技巧、决策能力、团队建设等关键领导力要素。确保课程内容与学生的实际需求和学习阶段相匹配。

（二）领导力讲座和研讨会

邀请专业的领导力专家或成功的行业领袖来校园举办讲座和研讨会。通过分享实践经验、案例分析和互动讨论，拓宽学生的思维深度，发掘其领导潜能。

（三）领导力培训课程

与专业领导力培训机构合作，提供系统的领导力培训课程。这些课程可以涵盖领导力模型、个人发展计划、团队合作项目等，通过实际案例和模拟情境进行培训。

（四）实践项目和案例分析

组织学生参与实际领导项目和案例分析。学生可以通过实践项目，锻炼领导能力和解决问题的能力。案例分析可以帮助学生理解真实领导场景，并提供思考和讨论的机会。

（五）导师指导和辅导

指定导师或领导力导师为学生提供个别指导和辅导。导师可以帮助学生制订个人发展计划，提供专业建议和反馈，帮助学生实现个人领导力目标。

（六）领导力竞赛和实践机会

组织领导力竞赛和实践机会，让学生能够在实际情境中展现和发展自己的领导力。

通过领导力培养项目，学校可以激发学生的领导潜能，培养他们的组织能力、沟通能力和团队合作精神。这不仅有助于学生个人的全面发展，还为他们的职业生涯奠定了坚实的基础，为社会的需要提供了有能力的领导者。

五、实习和实训机会

为学生提供实习和实训的机会，让他们在真实的职业环境中发挥主动性和领导潜力。实习和实训期间，学生可以参与项目管理、团队协作等，展现自己的领导才能。

（一）实习计划和合作

与行业企业、机构建立合作关系，制订实习计划。确保实习计划与学生的专业背景和兴趣相匹配，并提供丰富的实践机会。合作伙伴可以提供实践导师，为学生提供指导和支持。

（二）实习项目和岗位安排

为学生提供多样化的实习项目和岗位安排，涵盖不同领域和职业。这样可以满足学生的不同兴趣和发展需求，并提供不同层次的挑战和责任。

（三）实习导师和指导

为每位学生指派实习导师，提供指导和支持。实习导师可以帮助学生了解实际工作环境、培养实践技能，并提供反馈和建议，帮助学生成长和发展。

（四）实习评估和反馈

进行实习评估和反馈，以了解学生在实习期间的表现和学习成果。实习导师和指导教师可以提供定期的反馈和评估，帮助学生认识自己的优势和改进空间。

（五）实习经验分享和交流

组织学生开展实习经验分享和交流活动，让学生分享他们的实习体验、挑战和收获。这有助于学生互相学习和借鉴，拓宽视野，激发更多的领导潜力。

第三节 培养学生的自我管理能力和团队合作能力

一、学生自我管理培养

学校可以提供自我管理培训课程或工作坊,帮助学生学习时间管理、目标设定、自我激励等技能。通过培养学生的自我管理能力,他们可以更好地规划和管理自己的学习和生活,提高效率和自律性。

(一)高职院校学生自我管理能力培养的意义

1. 有利于学生心理健康发展

现阶段,随着我国社会高速发展、生活水平日渐提高,竞争也日益激烈,但同时心理健康问题也日益凸显。从图7-1中数据可知:我国国民心理健康五维度均值水平中除认知效能水平与2008年相持平外,其他能力水平均值均低于2008年。此外,《中国国民心理健康发展报告(2020)》显示,低收入、低学历、无业及失业人群的心理健康问题更为突出,低年龄段人均的抑郁和焦虑水平更高,青少年心理健康问题较为多发,需要重视对青少年心理健康问题的预防及干预。

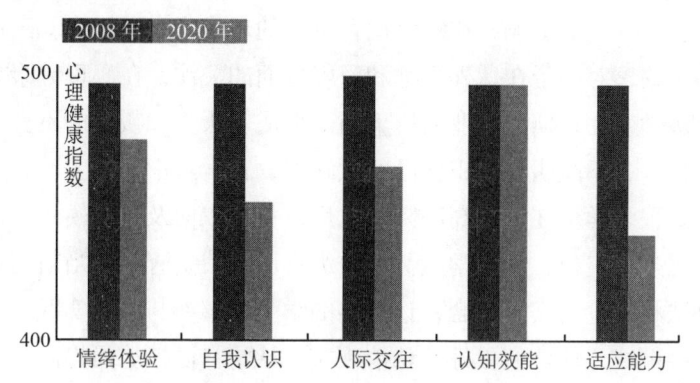

图7-1 2008年与2020年我国国民心理健康五维度均值比较统计图

自我管理能力主要包括情绪、认知、职业管理能力等内容,这些核心自我管理能力是衡量个人心理素养水平高低的重要指标,同时是心理健康的保护因素。

综合上述,学生自我管理能力培养工作在提高高职院校学生心理健康水平方面有着不可或缺的作用。

2. 有利于学生适应高职教育模式

我国高职教育是以产教融合发展战略为引导、工学结合为学习形式、校企合作作为框架模式,同时定位于适应社会发展对技能人才的需求,为企业生产岗位提供大量技能型人才的就业教育。也就是说,高职教育是一种以就业为首要目的,注重岗位技能操作训练,同时兼顾综合素质涵养的教育，这与传统的教育模式相差甚远。对高职院校学生开展自我管理能力培养，有利于学生成功塑造一个有效的自我管理系统，进而能够从自我管理的角度看待问题，使自身生活与学习的效率得以提高，同时使其具备对事物进行科学的判断与安排的能力，将各方面事物妥善处理到位，提高学习的专注力。这有利于学生找准自己的目标和方向，从而快速地适应高职教育模式。

3.有利于提升学生核心竞争力

随着技术科技的高速发展，市场竞争越来越激烈，面对社会对技能人才的高质量要求，具备个人核心竞争力是能在竞争中取胜的保障。个人核心竞争力是为个人所特有的，不易被竞争对手效仿获取的具有竞争优势的知识与技能。高职教育作为职业教育的一部分，主要任务就是为我国人才市场持续输送高质量高素质技能人才。如何提升学生综合能力及终身学习的能力，让高职院校学生在进入社会后快速适应企业对人才的要求，是高职院校在教学中需要考虑到的问题。自我管理在提升专业能力和通用能力中发挥中介作用，高等职业院校在增强学生职业能力的举措中也要考虑到发挥学生自我管理的作用。高职院校在对学生的自我管理能力方面的培养，目的在于强化高职院校学生的个人核心竞争力，让他们能够精准地认知自身的优缺点、明确目标，通过自我管理激发自主学习专业知识与技能的积极性，内化知识，从而提高面对未来社会变化和竞争的适应能力。

（二）高职院校学生自我管理能力培养的现状

1.认知不足，定位不准

受我国应试教育环境的影响，在新时代背景下的现代家庭结构中，家长过于关注子女的文化学习成绩，缺乏对孩子在课外兴趣和爱好方面的关注，在心理健康方面的关心更为欠缺。这使得许多学生在长期的学业高压下渐渐形成了厌学和叛逆的不良心理，使学生在认识上出现较大偏差，不能明确认识自己的优缺点，在学习中不够主动，不能合理地进行自我管理。这导致很多学生在进入高职院校之后，价值取向及行为模式定位出现错误，不能够准确地对自己进行定位，部分学生甚至放纵自己、浪费青春。当前高职院校教育应寻求更为有效的办法将理论与实际结合，让更多的学生能够参与社会实践，改变高职院校学生原有的固定思维模式，使他们更好地认清现实、认清自己，从而提高学生进行自我管理的积极性。

2.懈怠学习，虚掷年华

高职院校与传统中小学的学习任务及环境大相径庭，高职院校学生在校学习过程中主要充当学习主体的角色，特别是采用流动教室管理制度，学生学习的主体性与自主性显得尤为重要。由于教室的不固定性，学生不携带文具、课本到课的现象十分突出，课堂迟到、旷课现象也较为严重。这样在实际教学活动过程中，课堂考勤上报、纪律维持工作将会占用大量教学时间，从而影响正常的教学进度，降低教学质量，也无疑会给任课教师带来较大的压力。因此，要从哪些角度着手，激发学生学习兴趣、提高学生学习的主动性是当前高职院校在制订学生自我管理能力培养计划时需要考虑的重点问题。

3. 目标不明确，规划不清晰

职业教育本质就是就业教育，高职院校学生也不再是纯粹的知识接受者，需要根据自身的实际情况设定目标，自主学习各项与所学专业相关的技术技能知识，为自己打下良好的就业基础。但目前，高职院校学生大都没有明确的学习目标和清晰的发展规划，对于知识缺乏兴趣，只是被动地接受。在高职院校学生群体中甚至还出现"及格万岁，高分浪费"等荒谬的价值认知。许多学生沉迷于网络游戏，人虽到课，却完全没有关注课堂内容。此外，还有部分学生因各种原因对语文、英语等通用专业基础课程表现出逆反的心理。种种表现都反映出当前高职院校学生学习目标缺失、对自身专业就业规划不清晰的现状。清晰地定义高职院校每一专业的就业方向和就业可能，让每一位学生都能够根据自身实际找准学习目标和制定职业规划，是高职院校学生自我管理能力培养工作中的首要任务。

（三）高职院校学生自我管理能力培养的对策

1. 激发学生自我管理的主动性与积极性

高职院校对学生的自我管理能力培养工作，要从学生思想源头抓起，要让高职院校学生传统的被动学习向主动学习态度转变。高职院校在日常教学活动中要加强对学生的思想政治教育，以培养高素质技能人才为根本目标，着眼于社会经济、科技的发展，与时俱进。同时，突出思想政治教育工作的时代性和现实性，引导学生树立正确的人生观、价值观、学习观，以调动高职院校学生学习的主动性与积极性。

（1）建立积极的学习氛围

高职院校可以创设积极的学习氛围，通过激励机制和文化建设，鼓励学生自觉地投入学习，培养他们的学习主动性和自律性。学校可以组织学习分享会、学术讲座和学术竞赛等活动，让学生展示自己的学习成果，并通过认可和奖励激励他们进一步努力。

（2）推行个性化学习

高职院校可以提供个性化学习的机会，让学生根据自己的兴趣和能力进行学习规划。学校可以提供选修课程和研究项目，让学生自主选择并深入研究感兴趣的领域。这种个性化学习可以激发学生的主动性和积极性，使他们更加投入学习并展现自己的潜力。

（3）培养自我学习能力

高职院校应该注重培养学生的自我学习能力，让他们掌握有效的学习方法和策略。学校可以开设学习方法指导课程，教授学习技巧和学习策略，帮助学生更好地组织学习时间、提高学习效率和记忆力。通过掌握自我学习能力，学生可以更好地管理自己的学习过程，并自觉地寻求知识和信息。

（4）提供实践机会

高职院校应该为学生提供丰富的实践机会，让他们在实际工作和社会环境中锻炼自己的能力。学校可以与企业、社区组织和行业合作，安排学生参与实习、实训和实践项目，让他们亲身体验职业生活，发展自己的领导潜力和团队合作能力。

(5)建立导师制度

高职院校可以建立导师制度,为学生指定专业导师,提供个性化的指导和支持。导师可以帮助学生规划学习和职业发展,鼓励他们发挥主动性和积极性,并提供专业指导和反馈。导师制度可以促进学生的自我管理和成长,培养他们的领导能力和团队合作精神。

通过以上措施,高职院校可以激发学生的自我管理主动性和积极性,帮助他们成为具有领导潜力的综合素质人才。这将有助于学生在未来的职业发展中更好地适应和成长。

2.丰富自我管理能力的教育课程及培养形式

高职院校应不断优化课程设计,开设学生所喜欢的探究课程与实践课程,不断开展合作与探究,激发学生学习欲望,提升学生在教学活动中的积极性、创造性,创建和谐、民主的课堂,以培养学生的自主学习能力。

(1)自我管理能力课程

高职院校可以开设专门的自我管理能力课程,帮助学生了解自我管理的重要性,并提供实用的自我管理技巧和方法。这些课程包括时间管理、目标设定、压力管理、决策能力等方面的内容,让学生学会自我调节、自我约束和自我激励。

(2)创新创业课程

开设创新创业课程可以培养学生的创新意识和创业精神。通过学习创新方法和创业知识,学生可以锻炼自己的创新能力和团队合作能力,并在实践中体验自我管理和领导潜力的发挥。

(3)实践项目

高职院校可以组织各种实践项目,如社会实践、科研实践、实习实训等,为学生提供锻炼自我管理能力的机会。学生参与实践项目时需要自主安排时间、组织工作、解决问题等,这些经历能够培养学生的自我管理能力和团队合作能力。

(4)学生工作岗位

学校可以设立学生工作岗位,让学生担任班级干部、学生会干部、社团负责人等职务。通过管理和组织班级、社团或学生会的活动,学生能够锻炼自己的自我管理能力、领导能力和团队合作能力。

(5)学生自我管理小组

学校可以组织学生自我管理小组,让学生在小组内共同制定目标、规划行动、相互监督和反馈。通过小组的互动和合作,学生可以学会自我管理和团队合作,共同提升个人和小组的表现。

这些教育课程和培养形式的设计旨在激发学生的自我管理主动性和积极性,培养他们的领导潜力和团队合作能力。高职院校应该根据学生的需求和专业特点,灵活地开展相应的课程和活动,提供多样化的培养途径,帮助学生全面发展。

3.加快优化师资队伍结构,提升高职院校师资力量

作为知识与技能的传播者,高职院校教师在高职教育发展中仍然占据主导地位。考察

各所高职院校的教师设置标准,拥有一支结构合理、高水平、稳定的教师队伍是高质量教育教学的前提和保障。

(1)完善师资选拔机制

高职院校应建立科学、公平的师资选拔机制,重视专业背景、教学经验、教学能力和研究成果等方面的评估,确保教师队伍的专业素养和能力符合高职教育的需求。同时,要注重引进具有行业背景和实践经验的教师,以提高教学的实用性和职业性。

(2)提供专业发展支持

高职院校应为教师提供专业发展支持,包括培训、学术交流、研究项目等。教师可以参加各种培训课程和研讨会,更新专业知识和教学方法,提升自身的教学能力和学科素养。学校还可以鼓励教师参与科研项目和教学改革,激发教师的创新精神和研究能力。

(3)建立师德师风评价机制

高职院校应建立师德师风评价机制,加强对教师的师德教育和监督。通过对教师的教学质量、师德表现、学生评价等方面进行评估,激励教师提高教学水平和职业道德素养。同时,要加强对教师的奖惩机制,引导教师积极履行教育教学职责,树立良好的示范形象。

(4)加强教师培训和交流

高职院校可以加强与其他高校、行业协会、企事业单位等的合作,开展教师培训和交流活动。通过与其他学校的教师交流,教师可以互相学习和借鉴教学经验,拓宽教学思路和方法。同时,与行业协会和企事业单位的合作可以提供实践机会和案例资源,增强教师的职业素养和实践能力。

(5)建立激励机制和职称评审制度

高职院校应建立激励机制,根据教师的教学质量、科研成果、教学评价等方面进行评估,给予教师相应的奖励和荣誉。同时,要建立健全的职称评审制度,为教师提供晋升的机会和平台,激发教师的工作动力和职业发展的积极性。

通过加快优化师资队伍结构,高职院校可以提升师资力量,提高教学质量和教学效果,为学生提供优质的教育教学环境,培养具有实践能力和职业素养的高素质技能人才。这需要学校的持续努力和改进,与教师紧密合作,共同推动高职教育的发展。

二、团队合作能力

安排团队合作项目,让学生参与跨学科的团队合作。在团队中,学生需要学会沟通、协调、合作和解决问题。这种经验可以帮助他们发展团队合作能力和领导潜力,培养他们在多样化团队环境中的灵活性和适应能力。

(一)跨学科团队项目

高职院校可以组织跨学科的团队项目,将不同专业的学生组合在一起,共同完成具有挑战性的任务或项目。例如,设计一个实际产品的创新项目,团队成员可以包括工程学、设计学和商业学等不同专业的学生。这样的跨学科团队合作可以促进学生之间的知识交流和协作，培养他们在多学科环境中的综合能力和合作意识。

1. 深化学科交叉融合

跨学科团队项目要求不同专业的学生协同工作，这就需要学生跨越各自的学科边界，深入了解和融合其他学科的知识和技能。例如，在设计一个实际产品的创新项目中，工程学生可以负责产品的结构设计和技术开发，设计学生可以负责产品的外观设计和用户体验，商业学生可以负责市场分析和商业模式设计。通过这种跨学科合作，学生可以从不同学科的角度思考和解决问题，提高他们的综合能力和创新能力。

2. 促进知识交流与协作

跨学科团队项目鼓励学生之间的知识交流和协作。学生可以共享各自的专业知识和经验，相互学习和启发。例如，工程学生可以向设计学生解释产品的技术要求，设计学生可以向商业学生介绍市场需求和用户体验。通过团队成员之间的密切合作，学生可以拓宽自己的知识视野，了解其他学科的重要性和应用领域，从而培养跨学科思维和合作能力。

3. 培养解决复杂问题的能力

跨学科团队项目通常涉及复杂的问题和挑战。学生需要协作解决问题，进行系统性的思考和分析。他们需要理解问题的多个维度，运用各自的专业知识和技能，提出创新的解决方案。例如，在一个城市的可持续发展项目中，学生可能面临环境保护、社会公平和经济可持续性等多个方面的问题。通过团队合作，学生可以集思广益，整合各种观点和资源，找到综合考虑的解决方案，培养他们解决复杂问题的能力和团队合作精神。

4. 基于实际应用的学习体验

跨学科团队项目通常与实际应用紧密相关，学生可以将所学的知识和技能应用于实际情境中。这种实践性的学习体验可以帮助学生将理论知识与实际问题相结合，加深对学科知识的理解和运用能力。同时，学生还能够体验到实际工作中的团队合作方式和挑战，从而更好地准备自己将来的职业发展。

5. 培养团队合作技能和领导潜力

跨学科团队项目是培养学生团队合作能力和领导潜力的有效途径。在团队中，学生需要学会沟通、协调、合作和解决问题。他们需要展现领导才能，发挥自己的专业知识和技能，同时也要学会倾听和尊重他人的意见。通过与团队成员的互动和协作，学生可以逐渐发展团队合作能力和领导潜力，提高自己在多样化团队环境中的灵活性和适应能力。

通过跨学科团队项目的开展，高职院校可以培养学生的综合能力、创新思维和团队合作能力。这种综合能力的培养对学生未来的职业发展至关重要。

（二）项目驱动的学习方法

采用项目驱动的学习方法，让学生参与真实的项目和实践任务。学生以团队的形式合作，共同解决实际问题或完成特定任务。在这个过程中，学生需要分工合作、协调资源、解决问题，并产生可行的解决方案。这样的学习方式可以培养学生的团队合作能力、解决问题的能力和创新思维。

1. 真实场景的学习体验

项目驱动的学习让学生置身于真实的项目和实践环境中，面对具体的问题和挑战。学生通过实际参与，亲身体验职业工作中的情境和要求，使学习变得更加具体、实践性更强。这种真实场景的学习体验有助于学生更好地理解和应用所学知识，提升其学习的深度和广度。

2. 团队合作与协作能力的培养

在项目驱动的学习中，学生以团队的形式合作，共同面对和解决问题。通过与团队成员的交流和协作，学生能够培养团队合作和协作的能力。学生需要学会有效的分工合作、相互支持和协调资源，共同完成项目目标。这种团队合作的经历有助于培养学生的沟通能力、协调能力和团队意识。

3. 解决问题能力的培养

项目驱动的学习注重学生的问题解决能力。学生需要面对实际问题，分析问题的本质和要素，并提出可行的解决方案。在解决问题的过程中，学生需要发挥创造力、批判性思维和创新思维，寻找并实施有效的解决方案。这种解决问题的能力的培养有助于学生在职业生涯中应对各种挑战和复杂情况。

4. 创新思维的培养

项目驱动的学习激发学生的创新思维。学生需要思考新的观点和方法，提出创新的解决方案。在解决实际问题的过程中，学生被鼓励思考问题的不同角度和可能的解决途径，以培养他们的创新意识和能力。这种创新思维的培养为学生未来的职业发展提供了重要的竞争力。

总而言之，项目驱动的学习方法通过让学生参与真实的项目和实践任务，以团队合作的方式解决问题，培养学生的团队合作能力、解决问题的能力和创新思维。这种学习方式注重学生的实践经验和能力培养，使学生在学习过程中能够更好地理解和应用所学知识，并培养他们在职业生涯中所需的能力和素质。高职院校应积极探索和应用项目驱动的学习方法，为学生提供更具挑战性和实践性的学习机会，促进其全面发展。

（三）团队建设活动

组织各种团队建设活动，如户外拓展训练、团队合作游戏等。这些活动可以帮助学生增强彼此的信任、协作和沟通能力。通过团队建设活动，学生可以了解团队合作的重要性，学会倾听、理解他人的观点，并学会在团队中互相支持和鼓励。

1. 户外拓展训练

通过户外拓展训练活动，学生可以面对各种挑战和困难，通过共同努力克服障碍。这些活动包括攀岩、绳索挑战、团队建设任务等。在这个过程中，学生需要互相协作、相互支持，并共同制定解决问题的策略。这种户外训练不仅能够锻炼学生的团队合作和沟通能力，还能够增强他们的团队凝聚力和适应能力。

2.团队合作游戏

团队合作游戏是一种通过游戏来促进团队合作和协作的活动。这些游戏包括解决问题的挑战、角色扮演游戏、团队竞赛等。参与这些游戏，学生需要学会在有限的时间内合作完成任务，并找到最佳的解决方案。这些游戏能够培养学生的团队合作、沟通和决策能力，激发学生的创新思维和解决问题的能力。

3.项目合作

组织学生参与项目合作是一种有效的团队建设活动。学生可以根据自己的兴趣和专业背景组成团队，共同完成一个项目。在这个过程中，学生需要分工合作、协调资源，并通过有效地沟通和协作完成项目目标。这样的项目合作活动能够培养学生的项目管理能力、团队合作精神和解决问题的能力。

4.团队反思与讨论

团队反思与讨论是一种有针对性的团队建设活动。学生在团队建设活动后，可以进行反思和讨论，分享彼此的观点和体验。这种反思和讨论有助于学生了解团队合作中的优点和不足之处，并提出改进的建议。通过团队反思与讨论，学生能够更好地认识自己在团队中的角色和责任，提升团队合作和领导能力。

通过组织各种团队建设活动，高职院校可以为学生提供丰富的团队合作经验，帮助他们增强团队合作和领导潜力。这些活动能够培养学生的协作能力、沟通能力、问题解决能力和创新能力，为他们未来的职业发展奠定良好的基础。同时，学生也能通过这些活动中的互动和合作，建立起良好的团队关系和人际网络，为日后的学习和职业生涯提供支持和帮助。

（四）虚拟团队合作

利用网络和在线协作工具，组织虚拟团队合作项目。学生可以通过在线平台进行远程协作，共同完成任务或项目。虚拟团队合作不受地理限制，可以将不同地区的学生组合在一起，提供了更广阔的合作机会。学生需要学会通过线上沟通和协作工具进行有效的交流和协调，培养跨地域和跨文化团队合作的能力。

1.利用在线协作工具

为了支持虚拟团队合作，学校可以提供适当的在线协作工具，如团队协作平台、远程会议工具、实时文档共享工具等。学生可以通过这些工具进行远程沟通、文件共享和协同编辑，实现虚拟团队合作的高效性和灵活性。

2.跨地域和跨文化合作

虚拟团队合作可以将不同地区和文化背景的学生组合在一起。学生需要学会尊重和理解不同文化的差异，通过开放的沟通和合作，建立互信和共识。跨文化合作可以培养学生的全球意识和国际合作能力。

3.远程协作技能

学生需要掌握远程协作的技能，如有效地在线沟通、时间管理、任务分配和协调等。

他们需要学会在虚拟环境中建立有效的工作流程和沟通渠道,以确保团队成员之间的顺畅合作。

4.项目管理与协作

虚拟团队合作项目需要有明确的项目管理和协作机制。学生可以通过学习项目管理的基本原理和方法,如任务分解、进度管理、问题解决等,提高项目的执行效率和质量。

5.虚拟团队合作的挑战

虚拟团队合作面临一些挑战,如时区差异、语言和文化障碍、沟通误解等。学校可以为学生提供相关的培训和指导,帮助他们克服这些挑战,建立高效的虚拟团队合作能力。

通过组织虚拟团队合作项目,高职院校可以为学生提供具有现实意义的协作经验,培养他们的远程协作能力、团队合作能力和跨文化沟通能力。这种形式的团队合作能够培养学生的灵活性、创新思维和问题解决能力,为他们未来在全球化的职业环境中取得成功打下基础。

(五)团队评估和反馈

为团队合作设立评估和反馈机制,通过团队成员的评价和指导教师的反馈,帮助学生了解自己在团队合作中的表现和发展方向。团队评估可以包括团队目标的达成情况、团队成员间的合作程度、个人贡献等方面的评估。这样的评估和反馈有助于学生认识到团队合作的重要性,并不断改进自己的团队合作能力。

1.设立评估标准

为了进行有效的团队评估,应制订明确的评估标准。这些标准可以涵盖团队目标的达成情况、团队合作的效果、个人贡献等方面。标准应该具体明确,能够客观地评估团队成员的表现。

2.多元化评估方法

团队评估可以采用多元化的方法,包括同行评估、自评和教师评估等。同行评估可以让团队成员相互评价,提供对彼此的观察和反馈。自评可以让学生反思自己在团队合作中的表现和贡献。教师评估可以从专业角度对团队合作进行评估,提供指导和建议。

3.反馈与讨论

团队评估应该与及时的反馈和讨论相结合。团队成员可以在评估结果出来后进行反思和讨论,分享彼此的观点和体验,探讨如何改进团队合作。教师也可以提供个别或整体的反馈,指导学生发展团队合作能力。

4.个人发展计划

基于团队评估的结果,学生可以制订个人发展计划,明确自己在团队合作中需要改进的方面,并设定相应的目标和行动计划。个人发展计划可以帮助学生追踪自己的进展和成长,并持续改进团队合作能力。

5.持续改进和培养

团队评估和反馈应该是一个持续的过程。学校可以通过定期的团队评估和反馈活动,帮助学生不断改进团队合作能力，培养他们的沟通、协调和问题解决能力。

通过团队评估和反馈机制，学生可以了解自己在团队合作中的表现和发展方向，认识到团队合作的重要性，并不断改进自身的团队合作能力。这样的评估和反馈过程有助于培养学生的自我意识、反思能力和持续学习的动力，为他们未来在团队工作中取得成功打下基础。

第八章 高职院校德育教学评估与效果

第一节 高职院校德育教学的专业发展与支持

高职院校德育教学的评估与效果是确保德育工作有效进行和不断提升的关键环节。高职院校可以采取以下措施来评估德育教学的效果,并为其专业发展提供支持。

一、制定评估指标

高职院校可以制定具体的评估指标,用于评估德育教学的效果。这些指标包括学生的道德素养水平、职业道德能力、社会责任感等方面。指标的制定应与学校的德育理念和教学目标相一致,以确保评估的准确性和有效性。

(一)道德素养水平评估指标

1. 遵守道德规范

评估学生对道德规范的理解和遵守程度,包括诚实守信、尊重他人、遵守法律等方面。

2. 道德判断能力

评估学生在面对道德困境时的判断和决策能力,包括伦理思考、权衡利弊、道德推理等方面。

3. 道德行为表现

评估学生在日常生活和学习中的道德行为表现,包括公正、守时、尊重他人等方面。

(二)职业道德能力评估指标

1. 职业操守

评估学生在职业行为中的诚信、责任心和职业道德准则遵守程度。

2. 职业道德决策能力

评估学生在职业领域面临伦理冲突和抉择时的道德决策和思考能力。

3. 职业伦理能力

评估学生在处理职业伦理问题时的分析和解决能力,包括职业伦理意识、职业伦理标准的应用等方面。

(三)社会责任感评估指标

1. 社会问题意识

评估学生对社会问题的认知和关注程度,包括环境问题、社会不公平等方面。

参与社会公益活动可以评估学生参与社会公益活动的积极性和效果,包括志愿服务、社区参与等方面。

2. 社会影响力

评估学生在社会中的影响力和责任感,包括引领他人、推动社会变革等方面。

评估指标的制定需要考虑高职院校的德育教学目标和教学特点,与学校的德育理念和教学目标相一致。指标可以通过量化的方式,如问卷调查、成绩评定等,也可以通过描述性的方式,如案例分析、观察评估等。同时,评估过程中需要综合运用多种评估方法和工具,以获得全面、客观的评估结果。

除了制定评估指标,高职院校还应建立相应的评估机制和流程,确保评估的准确性和有效性。学校可以设立专门的德育教学评估小组,负责指标的制定、数据收集和分析,以及评估结果的反馈和应用。同时,学校还应提供相应的支持和资源,如培训德育教师评估方法和技能,提供评估工具和数据库等。

高职院校制定评估指标是德育教学专业发展与支持的重要环节,通过科学制定评估指标和建立相应的评估机制,可以更好地评估德育教学的效果,并提供数据支持和指导,以促进学生的全面发展和德育教学的不断改进。

二、采用多种评估方法

高职院校可以采用多种评估方法来收集德育教学的数据和信息。包括问卷调查、个案研究、学生作品评价、观察记录等。通过综合运用这些评估方法,可以全面了解学生的德育发展情况,发现问题和改进空间。

(一)问卷调查

通过设计问卷,收集学生对德育教学的意见、反馈和评价。问卷包括道德素养水平、职业道德能力、社会责任感等方面,学生可以根据自己的实际情况进行自评或互评。问卷调查可以定量地评估学生的态度、观念和行为,并提供数据支持。

1. 调查问卷的步骤

(1)设计问卷

根据德育目标和评估需求,设计具有针对性的问卷。问卷应包括多个方面,如道德素养水平、职业道德能力、社会责任感等,可以使用量表、单选题、多选题、开放性问题等不同类型的题目。问卷的设计应简明扼要、逻辑清晰,确保能够有效地收集到学生的观点和反馈。

(2)发放问卷

将设计好的问卷发放给学生进行填写。可以采用纸质问卷或在线问卷的方式,根据实际情况选择合适的发放方式。同时,确保学生理解问卷的目的和意义,并提供必要的说明和指导,以保证问卷的有效性和准确性。

(3)数据收集

收集学生填写的问卷数据,并进行整理和归纳。对于纸质问卷,可以手动录入数据;对于在线问卷,可以直接导出数据进行处理。同时,确保数据的准确性和完整性。

(4)数据分析

对收集到的问卷数据进行统计和分析。可以使用统计软件或数据分析工具对数据进行处理和解读,包括频数统计、平均值计算、相关性分析等,以获取对德育教学效果的定量评估结果。

(5)结果解释和应用

根据数据分析的结果,解释问卷调查的结果并提取有意义的信息。可以将结果与德育教学目标进行对比,了解学生对德育教学的认知、态度和行为,并发现存在的问题和改进的方向。根据问卷调查的结果,学校可以进行相应的教学调整和改进,提升德育教学的效果和质量。

2.进行问卷调查时的注意要点

①问卷的设计应具有合理性和可靠性,题目应具有明确的意义和表达方式。

②发放问卷时,要确保学生对填写的问卷保持真实和客观,保护学生的隐私和个人信息。

③在解读问卷调查结果时,要全面考虑各个因素的影响,避免片面解读和过度概括。

④需要及时反馈问卷调查的结果给学生,让他们知道自己的意见和反馈对德育教学的重要性和影响。

通过问卷调查,高职院校可以定量地了解学生对德育教学的态度和观点,获取他们的反馈和建议。问卷调查的结果可以为学校提供德育教学的参考和决策依据,进一步推动德育教学的专业发展和支持。同时,问卷调查也可以增强学生的参与感和主体性,让他们在德育教育中发表自己的声音,促进德育教学的双向沟通和互动。

(二)个案研究

通过深入研究个别学生的案例,了解他们的德育发展情况和变化过程。个案研究可以通过面谈、观察和文献资料分析等方式进行,从中获取学生在道德决策、职业行为和社会责任方面的表现和成长。

1.选择案例

选择具有代表性和典型性的学生案例进行研究。案例的选择可以根据不同的德育目标和评估需求进行,可以选择在道德决策、职业行为、社会责任等方面有较为显著表现的学生。

2. 数据收集

通过面谈、观察和文献资料分析等方式收集相关数据和信息。面谈可以与学生进行深入交流，了解他们的观念、价值观和行为方式。可以通过观察学生在课堂、实践和社交环境中的行为和表现来获取数据。同时，还可以分析学生的学习成绩、作品、反思报告等文献资料。

3. 数据分析

对收集到的数据进行系统地整理和分析。可以通过编码和归纳的方式整理面谈和观察数据，提取关键信息和模式。同时，对文献资料进行分析，深入理解学生的德育发展过程和变化。

4. 形成案例分析报告

根据数据分析的结果，形成个案研究报告。报告应包括学生的基本情况、德育目标和评估问题的描述，以及对学生德育发展情况的详细分析和解释。报告应以客观、准确和翔实的方式呈现，对学生的德育发展进行全面评估。

个案研究可以提供对学生德育发展的深入了解，帮助了解学生在道德决策、职业行为和社会责任方面的表现和成长。通过个案研究，可以识别学生的优势和不足之处，为针对性的德育教学和支持提供依据。同时，个案研究也有助于发现学生个体之间的差异和变化模式，为个性化德育发展提供参考。个案研究需要保障学生的隐私和数据的安全性，确保研究过程的保密性和伦理性。通过深入研究个别学生的案例，高职院校可以更全面地了解学生的德育发展情况，为个性化的德育教学和支持提供有效的指导。

（三）学生作品评价

评估学生的德育发展可以考虑他们在学习和实践过程中产生的作品，如学术论文、社会实践报告、职业道德案例分析等。通过对学生作品的评价，可以了解他们的专业素养、道德意识和职业能力。

1. 选择评价作品类型

根据学校的德育目标和教学要求，选择适合评价的作品类型。这些作品包括学术论文、社会实践报告、职业道德案例分析等。确保作品类型与学生所学专业和德育目标相匹配。

2. 设定评价标准

制定评价作品的标准，明确评价的维度和指标。这些标准可以包括学术水平、道德价值观、职业素养等方面。评价标准应与学校的教学目标和德育理念相一致。

3. 收集学生作品

学校可以建立作品收集系统，收集学生在学习和实践过程中所产生的相关作品。这可以通过学术课程、实践项目或社会实践等途径进行，确保作品的真实性和多样性。

4. 评价过程

通过对学生作品的评价，对其内容、质量、创新性和实用性等进行综合评估。评价可以由教师、专家或同行进行，确保评价的客观性和准确性。评价过程中可以采用评分、评语和反馈的方式，提供具体的评价结果和建议。

5.反馈与指导

将评价结果反馈给学生，并提供个性化的指导和建议。这有助于学生了解自己的优势和改进的方向。学校可以组织学生作品展示、学术研讨会等活动，让学生展示作品并与他人交流，促进学生能力进一步提升。

通过学生作品评价，高职院校可以全面了解学生在学习和实践中的表现和成长，了解他们的专业素养、道德意识和职业能力。评价结果可以为学校提供参考和决策依据，进一步完善德育教学的内容和方法。同时，学生作品评价也可以激励学生的学习积极性和创新能力，促进学生自主学习和自我提升。

（四）观察记录

通过教师或其他观察者的观察记录，收集学生在课堂、实践和社会活动中的行为和表现。观察记录可以提供直观的信息，如学生的参与度、合作能力、表达能力等，从而评估他们的德育发展情况。

1.重要性

观察记录可以提供客观、具体的信息，帮助评估学生在德育方面的发展情况。它能够直接观察学生的参与度、合作能力、表达能力，深入了解学生的德育表现。同时，观察记录也能发现学生的优势和改进空间，为教师提供有效的反馈和指导。

2.实施步骤

（1）确定观察目标

明确观察的目标和重点，可以根据德育目标和学校的教学要求制定具体的观察要点，如学生的参与程度、合作表现、道德行为等。

（2）选择观察方法

选择适合的观察方法，可以是直接观察、间接观察或结构化观察。直接观察是指观察者直接参与学生活动并记录观察结果；间接观察是通过观察学生的产物或成果来推断其行为和表现；结构化观察是根据预设的观察指标进行有针对性的观察。

（3）制定观察记录表或指南

根据观察目标和方法，设计观察记录表或指南，明确需要观察和记录的内容。记录表可以包括观察时间、地点、行为描述、评价等项目。

（4）实施观察

教师或观察者根据预设的观察要点和记录表，观察学生在课堂、实践和社会活动中的行为和表现。观察者需要保持客观、公正的态度，并记录真实的观察结果。

（5）整理观察结果

将观察记录整理和归类，分析学生的表现和行为。可以将观察结果与评价指标进行对照，评估学生的德育发展情况，发现学生的优势和改进空间。

（6）提供反馈和指导

根据观察结果，及时向学生提供具体的反馈和指导。教师可以与学生进行交流，分享观察结果和评价，帮助学生认识自己的优点和改进方向，鼓励其积极发展。

通过观察记录，高职院校可以全面了解学生在课堂和实践中的德育表现，为教师提供有针对性的反馈和指导，帮助学生在德育方面的发展。同时，观察记录也可以促进学生自我反思和提升，激发他们的学习积极性和自我发展能力。

这些评估方法可以相互补充，通过综合运用，可以获得全面和多角度的评估结果。再进行评估时，高职院校可以根据具体情况选择适合的方法，确保评估的准确性和有效性。此外，评估过程中还需要保障学生的隐私和数据的安全性，确保评估过程的公正性和科学性。通过多种评估方法的综合应用，高职院校可以更好地了解学生的德育发展情况，并针对评估结果进行教学改进，提升德育教学的效果。

三、进行定期评估

高职院校应定期进行德育教学的评估，以监测德育工作的效果和进展。评估可以按学期、学年或阶段性进行，确保评估的连续性和及时性。评估结果应以数据和证据为基础，提供客观的反馈和改进建议。

（一）设定评估周期

高职院校应制定明确的评估周期，以确保评估的连续性和及时性。评估周期可以按学期、学年或阶段性进行，根据学校的德育教学计划和课程安排来确定评估的时间节点。

1.学期评估

将评估周期与学期进行对应，每个学期结束后进行评估。这种评估周期可以帮助学校及时了解学生在德育方面的发展情况，并及时采取改进措施。

2.学年评估

将评估周期与学年进行对应，每个学年结束后进行评估。这种评估周期可以提供更长期的数据和信息，以便对学生的整体德育发展进行综合评估和分析。

3.阶段性评估

根据学校的德育教学计划和课程安排，设定评估的阶段性节点。这可以是在某个重要的德育活动、项目或课程完成后进行评估，以便对该阶段的德育教学效果进行评估和反馈。

无论选择哪种评估周期，都需要确保评估的连续性和及时性。评估周期的设定应与学校的教学安排相一致，确保能够及时收集数据、分析结果，并在下一阶段的德育教学中做出相应的改进和调整。评估周期的设定还应考虑学校的实际情况和资源限制，以确保评估工作的可行性和有效性。

同时，高职院校还可以根据具体情况进行灵活调整并补充评估周期，以适应不同德育教学活动的特点和需要。评估周期的设定应与学校的德育教学目标和计划相契合，确保评估工作的有序进行，并为德育教学的持续发展提供支持和指导。

（二）确定具体评估指标

在进行德育教学评估时，需要明确具体的评估指标。这些指标应与学校的德育理念、教学目标和学生发展需求相一致，涵盖学生的道德素养水平、职业道德能力、社会责任感等方面。指标的确定应综合考虑学校的特点和德育教学的重点，以确保评估的准确性和有效性。

1. 研究学校的德育理念和教育目标

了解学校对德育教育的定位和期望，明确德育教学的核心价值和目标。这将有助于确定评估指标的方向和内容。

2. 调研相关文献和标准

研究国家或地区关于德育教学评估的指导文件、指标体系和评价标准，了解行业或领域内的最佳实践和标准，为评估指标的制定提供参考。

3. 成立评估指标制定小组

组建由德育教学专家、学科专家和学生代表等组成的小组，共同制定评估指标。小组成员应具备相关专业知识和经验，能够代表不同利益相关者的声音。

4. 分析学校特点和目标群体

针对高职院校的特点、学生群体和教学环境，分析其德育教育的重点和需求。考虑学校所涉及的专业领域和行业特点，以及学生未来的职业发展方向。

5. 制定评估指标体系

根据学校的德育理念和目标，综合考虑调研结果和专家意见，制定具体的评估指标体系。指标可以涵盖学生的道德素养、职业道德能力、社会责任感、团队合作能力等多个方面。

6. 确定指标权重和评估方法

为每个评估指标确定相应的权重，以反映其在德育教学中的重要性。同时，选择适当的评估方法，如问卷调查、观察记录、学生作品评价等，以收集数据和信息。

7. 评估指标的验证和修订

在初步确定评估指标后，进行验证和修订。通过试行和实施，收集相关数据并进行分析，评估指标的可行性和有效性，并根据反馈意见进行适当的修订和完善。

8. 定期评估指标的更新

德育教学评估指标应定期进行更新和调整，以适应学校和社会的变化。定期回顾和修订评估指标，确保其与学校的德育目标和教学实践保持一致。

通过以上步骤的实施，高职院校可以确立科学、全面、符合实际的德育教学评估指标体系。这将为德育教学的评估工作提供有效的依据，帮助学校了解德育教学的效果和改进方向，推动德育工作的不断发展和提升。

评估指标的明确确定能够为德育教学评估提供清晰的方向和依据，使评估工作更具针对性和实用性。同时，评估指标的周期性评估和更新也能够及时适应学校和学生发展的变化，推动德育教学的持续改进和提升。

总之，进行定期评估是高职院校德育教学的必要环节，它可以帮助学校了解德育教学的效果和进展，发现问题和改进空间。通过设定评估周期、确定评估指标，可以持续改进德育教学的质量和效果。同时，重视德育教师的培训和培养，提供支持和资源的机制和策略，以及推动德育教学的专业发展和支持，都是确保高职院校德育教育的有效性和可持续发展的重要举措。

四、教师专业发展支持

高职院校可以为教师提供专业发展支持，以提升其德育教学能力和水平。这包括举办教师培训研讨会、组织教学观摩与交流、指导教师参与德育教材编写和教学资源开发等。通过这些支持措施，可以不断提高教师的专业素养和教学能力，从而提升德育教学的质量。

（一）教师培训研讨会

举办定期的教师培训研讨会，邀请专家学者和行业专业人士分享最新的德育教学理论、实践经验和案例研究。这些研讨会可以帮助教师更新教学知识，提升教学技能，并提供专业发展的机会。

1. 邀请专家学者和行业专业人士

邀请具有丰富德育教学经验和专业知识的专家学者和行业专业人士参与培训研讨会。他们可以分享最新的德育教学理论、实践经验和案例研究，为教师提供前沿的教育思想和教学方法。

2. 主题设置多样化

确保培训研讨会的主题设置多样化，涵盖德育教学的不同领域和方面。例如，道德教育、职业道德培养、社会责任教育等。这样可以满足教师的不同需求，提供针对性的专业发展机会。

3. 实践与案例分享

培训研讨会应注重实践与案例分享，让教师了解具体的德育教学案例和实践经验。这样的分享可以帮助教师更好地理解理论知识的应用，并将其转化为实际教学行动。

4. 互动与讨论环节

培训研讨会应设置充分的互动与讨论环节，鼓励教师积极参与讨论、分享经验和提出问题。这样可以促进教师之间的交流与互动，激发创新思维和教学灵感。

5. 实地考察和参观

组织实地考察和参观活动，让教师亲身体验和了解德育教学的实际情况。可以到相关企事业单位、社会组织或其他高校进行参观交流，借鉴他们的先进经验和做法。

6. 提供持续支持与跟进

培训研讨会后,学校应持续地支持和跟进,帮助教师将学到的知识和技能应用到实际教学中。包括教学辅导、教学观摩和反馈指导等形式,促进教师的专业发展和成长。

通过举办定期的教师培训研讨会,高职院校可以为教师提供更新的教学知识和专业发展的机会。这有助于提升教师的德育教学能力和水平,为学生提供更优质的德育教育。同时,学校也应给予足够的支持和资源,确保培训研讨会的顺利开展,并为教师的专业发展提供持续的支持和跟进。

(二)教学观摩与交流

组织教师之间的教学观摩与交流活动,让教师互相学习和借鉴。教师可以相互观摩课堂教学,分享教学经验,探讨教学中的问题和挑战,从而提高自身的教学水平。

1. 课堂观摩

组织教师到其他同事的课堂上进行观摩,了解其他教师的教学方法、策略和实施效果。观摩可以通过实地观察、录像回放或在线直播等形式进行。观摩后,教师可以进行交流和讨论,分享观察心得和体会。

2. 教学展示

组织教师进行教学展示,让教师有机会展示自己的优秀教学案例和经验。教师可以准备教学设计、教学材料和教学成果展示等,与其他教师分享并接受评价和建议。

3. 教学研讨会

组织教师参加教学研讨会,共同讨论和研究教学中的问题和挑战。可以设立主题,邀请教师展示和分享教学经验,或邀请专家进行专题讲座。教师可以通过讨论、提问和互动,深化对德育教学的理解和实践。

4. 教学团队

建立教学团队,由一组教师组成,共同研究、探索和改进德育教学。团队可以定期召开会议、工作坊和讨论,讨论教学案例、教学方法和评估策略等。团队成员可以相互学习、互相支持,共同进步。

5. 交流平台

建立交流平台,为教师提供交流和分享的机会。可以创建在线社区、教师论坛或教学博客等平台,让教师可以随时随地交流和分享教学经验、资源和思考。通过互联网技术,教师可以跨越时空限制,与其他教师进行交流和互动。

通过教师之间的教学观摩与交流活动,教师可以互相学习、借鉴和分享,提高自身的教学水平和德育教学能力。学校可以提供必要的支持和资源,确保教学观摩与交流活动的顺利进行,并为教师的专业发展和教学改进提供持续的支持和反馈。

(三)德育教材编写和教学资源开发

指导教师参与德育教材编写和教学资源开发工作,鼓励教师创新和分享优质的教学资源。这可以促使教师深入研究德育教学内容和方法,提升自身的专业素养,并为其他教师提供有益的教学资源。

1. 设立编写团队

组建教师编写团队，由专业领域的教师担任核心成员，共同参与德育教材的编写和开发工作。团队成员可以根据自身专业知识和经验，共同研究、整理和编写德育教材，确保教材内容的准确性和有效性。

2. 教师研讨会和工作坊

举办教师研讨会和工作坊，为教师提供关于德育教材编写和教学资源开发的指导和培训。可以邀请专家学者和有经验的教师举办讲座和分享，帮助教师了解编写教材的方法和原则，掌握开发教学资源的技巧和工具。

3. 分享教学资源

鼓励教师创新和分享优质的教学资源。学校可以设立在线平台或资源库，供教师上传和分享自己编写和开发的德育教材和教学资源。教师可以互相借鉴和学习，提供反馈和改进意见，共同提高教学质量。

4. 评估和反馈

对教师编写的德育教材和教学资源进行评估和反馈。学校可以组织专家或同行教师对教材进行评审，提供专业的反馈和建议。教师可以根据评估结果进行修订和改进，不断提升教材的质量和适用性。

5. 研究和发表成果

鼓励教师进行相关的研究和实践，并鼓励教师将研究成果发表在学术期刊或教育刊物上。教师可以通过研究和发表成果，分享自己的经验，以促进德育教育领域的学术交流和进步。

通过指导教师参与德育教材编写和教学资源开发，学校可以提升教师的专业素养和创新能力，推动德育教学的不断发展和进步。学校可以为教师提供必要的培训、指导和支持，确保德育教材和教学资源的质量和实效。

（四）导师制度

建立导师制度，由有经验和优秀的教师担任导师，指导新任教师的德育教学发展。导师可以提供教学指导、经验分享和反馈指导，帮助新教师适应教学工作并提高教学水平。

1. 选择合适的导师

学校应根据教师的专业背景、经验和教学能力等方面，选择合适的导师。导师应具备丰富的德育教学经验和优秀的教学能力，能够成为新教师的良师益友。

2. 导师培训

为导师提供专业的培训，使其具备导师的角色认知和教学指导技能。培训内容包括导师的角色和职责、指导方法和技巧、反馈和评估等方面。

3. 导师指导

导师应与新教师建立密切的合作关系，提供系统的教学指导。导师可以帮助新教师制订个人教学发展计划,分享教学经验和教材资源,指导教学设计和教学方法,并提供反馈和评估。

4. 经验分享和反思

导师应鼓励新教师进行经验分享和反思。导师可以组织定期的教学交流会议或研讨会,让新教师分享自己的教学经验和教学心得,与导师和其他教师共同探讨教学问题并面对挑战。

5. 监测和评估

导师应对新教师的德育教学进行监测和评估。通过观察课堂教学、评估学生作品、听取学生反馈等方式,了解新教师的教学表现和发展情况,并及时提供反馈和建议。

6. 持续支持和发展

导师制度应是一个持续的过程,而不仅仅是一个阶段性的安排。学校应为导师和新教师提供持续的支持和发展机会,如定期的导师培训、教学研讨会、教学观摩等,以促进导师和新教师的共同成长和进步。

通过建立导师制度,学校可以为新教师提供有针对性的教学指导和支持,帮助他们更好地适应教学工作并提升教学能力。同时,导师也能够通过指导新教师的德育教学发展,提升自身的教学水平和专业素养。这样的制度可以促进教师之间的合作与学习,推动德育教学的全面发展。

第二节　德育教师专业发展的重要性和需求

德育教师专业发展在高职院校德育教学评估与效果中起着至关重要的作用。德育教师的专业发展能够提升他们的教育水平,优化其教学技能和教育理念,从而有效地开展德育工作并取得良好的效果。

一、高职院校德育教师的行为特征和心理需求

根据美国人本主义心理学家亚伯拉罕·马斯洛的需求理论,人的日常行为及其心理表现之所以不尽相同,是源于生理心理需求的不同。这些需求分别是生理需求、安全需求、社交需求、尊重需求和自我实现需求。不仅如此,这诸多需求之间还存在着先后顺序之分与高低层次之别,他们像阶梯一样,按层次逐级递升。高职院校德育教师接受过较高文化教育,他们有着扎实的人文底蕴和丰富的情感需求。比较而言,他们不仅有人类生存所必需的物质需要,更有精神满足胜于物质享受的心理特点。具体来说,高职院校德育教师的心理需求和行为特征主要表现在以下方面。

(一)期望自我实现

作为高等学府的教育者,高职院校德育教师拥有较高的理论水平,他们的人生追求不仅仅局限于传道授业解惑,而且希望在自己的专业领域能取得较突出的成就,获取较高的

学术地位，即实现马斯洛需求理论中的最高层次——自我实现。

（二）期望环境自由

高职院校中的德育教师学有所长，更希望学有所用。较高的职业素养使他们不囿于有形或无形的控制和约束。然而，德育的特殊性使其较其他学科有更多的规范和要求，因此，高职院校德育教师更渴望拥有一个灵活且自主的教学氛围和教研环境，渴望自己的潜能和特长能得到最大限度的发挥，实现自己的人生理想。

（三）期望社会认可

对高职院校德育教师而言，他们的专业展示不像其他学科那样具有可见的技术或技能。敏锐的自我意识使他们更希望自己的职业活动能得到公众的认可，认可他们在社会发展中的不可替代性——作为知识的传递者在社会生活和历史传承中所起的关键性作用。同时，他们也希望得到职场中的直接领导——高职院校领导层的认可和尊重及直接工作对象——学生们的认可爱戴。正常情况下，较高的精神追求应该产生较高的正能量。然而，现实中，高职院校德育教师的职业倦怠是一个不容忽视的心理现象，它不仅极大地降低了高职院校德育教师的成就感，更直接影响了教学活动和教学效果。

二、分析高职院校德育教师职业倦怠的切入点：心理契约

从心理学角度看，今天的人们已在多个领域运用心理契约分析并解决问题。基于高职院校德育教师上述的行为特征和心理需求，心理契约也可以成为我们研究解决高职院校德育教师职业倦怠问题的新的切入点。

所谓契约又称合约，是在两个或两个以上的当事人之间为设立、变更或终止法律权利和义务而达成的协议。与有形的契约不同，心理契约是存在于契约双方心里的承诺和期望。心理学认为心理契约在人与人交往及组织与成员的关系中普遍存在。1960年，组织心理学家阿奇利斯首次使用了"心理的工作契约"这一名词，它是指"在员工与组织的相互关系中，除正式雇佣契约规定的内容外，还存在着隐含的、非正式的、未公开说明的相互期望，它们同样是决定员工态度和行为的重要因素"。1965年美国著名管理心理学家施恩教授正式定义了"心理契约"这一名词。他指出，心理契约是"在组织中每个成员和不同的管理者及其他人之间，在任何时候都存在的没有明文规定的一整套期望"。结合学校教育的特点，我们可以这样认识高职院校德育教师的心理契约，即德育教师在学校的教学教研活动中，与学校之间"相互交换并认同的、内隐的、不成文的心理期望和承诺。它是一种被双方接受和认可的主观信念，包括组织和员工之间的相互心理期望、组织承诺、满意度、责任和知觉等核心内容"。与有形的契约相比较，心理契约可归纳出如下特点。

（一）主观性

心理契约与通常意义上的契约不同，它没有规范的文字表述，是契约双方彼此对心中的契约他方能否满足自己某种需要的预期和渴望。它因双方的心理期望而存在，因双方的理解认可而实现。

（二）不确定性

心理契约的实施过程是双方传递信息并彼此满足的过程。如果其中一方因心理目标无望实现而变更心理期望，则会导致契约他方因失望而修正心理契约内容，或直接导致心理契约失效。

（三）双向性

有形契约的内容、职责、权利都是明确稳定的，具有法律效应，除非契约双方认可同意，否则任何一方不能随意变更。心理契约却存在着随时变化的可能，因为心理契约本质上是心理期望的集合，它可能因身边情境的变化而不断被修正。契约一方对契约内容的修正需要得到他方的领悟和认同，否则，不能形成新的心理契约。

（四）内隐性

心理契约内容可能是多方面的，但它存在的形式却是内隐的，往往以情感支持或心理意向的形式表现出来，契约双方彼此意会但不言传。"这种内隐特质，使得一方往往因忽略或没有觉察到对方的期望而违约。"

高职院校德育教师与学校作为心理契约中的双方，彼此间存在着不同的心理要约。所谓要约是"希望和他人订立合同的意思表示"，德育教师对学校的心理要约主要包括公正、公平、透明、务实、民主、信任等等，它涉及学校的思维模式和管理理念；学校对德育教师的心理要约包括博学、敬业、进取、敏锐、成就等，它涉及德育教师的职业素养和职业理想。在规避高职院校德育教师职业倦怠的过程中，起主导作用的是教师对学校的期望要约，它决定着德育教师对心理契约的认可和坚守。

心理契约时时影响着高职院校德育教师的态度和行为选择。因此，高职院校应立足心理契约，以期规避高职院校德育教师的职业倦怠。

三、立足高职院校，构建德育教师的心理契约

学校是德育教师实现职业理想的职场，因此，在构建其心理契约的过程中，高职院校是不可或缺的重要一方。要规避高职院校德育教师的职业倦怠，就要结合其职业要求和心理特征，从其职业倦怠的主要表征出发，构建起合理的心理契约。

（一）从心理要约出发

引导高职院校德育教师坚守合理的心理要求。有形契约的建立以要约存在为前提，心理契约的建立也同样是因契约一方对他方存在着心理要约。所谓要约，法律对其解释是"希望和他人订立合同的意思表示"。在高职院校德育教师构建的心理契约中，其核心要约是利于自我实现的要素，诸如自主公平的教学教研机会及条件、人性化管理、科学合理的考评和激励机制、获得充分发展的机会等，它涉及学校办学理念和办学方法。当然，在这一契约中，学校对德育教师也有目标要求：诸如关注学校的未来、较高的教学水平、知识的不断自我更新、独立的教研能力和团队合作精神等，它涉及高职院校德育教师的职业行为和学术人格。在构建心理契约过程中，高职院校对德育教师的期望要约起着导向作用。

因此，要规避高职院校德育教师的职业倦怠，使高职院校德育教师保持适当的期望峰值，学校需要立足心理要约，时时研究德育教师心理需求，引导高职院校德育教师坚守合理的心理要求。

（二）从组织文化出发

促进高职院校德育教师升华积极的职业情感。高职院校作为一种社会组织形式，其文化形态即为德育教师的工作环境和职场氛围。优秀的组织文化可以带来优良的教学环境和宽松的学术氛围，可以在德育教师心里形成一种无形力量，"促成组织目标和成员理想的一致化及组织成员间理念和价值观的趋同，形成组织成员之间的吸引力和成员对组织的向心力，使组织成员产生归属感、自尊感和成就感，从而在组织内部形成一股强劲的凝聚力。"这种因对组织文化和价值观认同而产生的凝聚力，会升华德育教师的职业情感，并使其自觉地依据学校的发展战略，调整自己的职业发展目标。因此，规避高职院校德育教师的职业倦怠，学校应时时结合德育教师对职业目标的期望与需求进行组织文化建设，以期为德育教师营造出良好的学术氛围和职场环境。

（三）从沟通交往出发

保证高职院校德育教师及时更新心理契约内容。心理契约的构建过程是一个复杂的动态过程，它会随着任务、情境的变化而不断被修正。因此，要保证心理契约的时时有效，学校与德育教师之间的沟通尤显重要。通过沟通，学校不仅可以及时了解德育教师的职业期待和心理需要，而且可以使德育教师及时领悟学校的期望变化，避免德育教师因认知偏差而产生失落、失望情绪。只有实现德育教师对学校的心理期望与学校对德育教师的心理期望相契合，才能形成学校与德育教师之间的心理和谐，进而规避高职院校德育教师的职业倦怠。

（四）从心理期望出发

帮助高职院校德育教师建立适度的目标。由于心理契约是以一方对他方的心理期望为基础的，因此，把握高职院校德育教师的心理期望就成为构建心理契约的切入点。高职院校德育教师有较高的职业要求，构建心理契约，必须了解他们的目标。高职院校德育教师作为一个群体，对学校的人才管理、自己的学术定位及职业要求等方面的目标有着共同的、方向上的一致性。为使高职院校德育教师确立适度的抱负水平，学校有必要公示人才培养管理方案、学术要求及达标后的终极结果。如此，既可以帮助德育教师了解学校的期望目标，构建自我的心理目标值，又可以帮助他们不断调整自己的目标，坚守自己的职业理想。当德育教师的目标与学校的期望目标形成交集并最大化时，心理契约就有了构建的基础。此外，要规避高职院校德育教师的职业倦怠，这种交集应该是公开的、透明的、具体的。

总之，在高职院校德育教师的职业行为中，以心理契约形式存续着一系列的心理期待，这些与校方共同存在的正向心理期望的集合，可以有力地支持高职院校德育教师的职业行为，从而规避其职业倦怠。

第三节　提供支持和资源的机制和策略

在高职院校德育教学评估与效果中，提供支持和资源的机制和策略起着重要的作用。以下是几个关键方面的机制和策略。

一、支持机制的建立

高职院校可以建立专门的德育教学支持机构或部门，负责为德育教师提供支持和指导。该机构可以组织培训课程、研讨会和工作坊，提供专业知识和教学方法的培训。同时，机构可以为德育教师提供咨询和辅导服务，帮助他们解决教学中遇到的问题。

（一）设立德育教学支持机构

学校可以成立专门的德育教学支持机构或部门，负责协调和提供德育教学的支持服务。这个机构可以由德育教学专家和教育咨询师组成，他们具备丰富的德育教学经验和专业知识，能够为德育教师提供指导和支持。

（二）提供培训课程和工作坊

支持机构可以组织定期的培训课程和工作坊，以提供德育教学的专业知识和教学方法的培训。这些培训课程可以包括道德教育理论、教学设计、课堂管理等方面的内容，帮助德育教师不断提升自身的教学能力。

（三）举办研讨会和交流活动

支持机构可以组织研讨会、教学交流会和教学观摩活动，为德育教师提供一个交流和学习的平台。在这些活动上，教师可以分享教学经验、探讨教学问题，并从其他教师的经验中汲取灵感、受到启发。

（四）提供咨询和辅导服务

支持机构可以为德育教师提供咨询和辅导服务，帮助他们解决教学中的问题和挑战。教师可以咨询专家或教育咨询师，获得有针对性的建议和指导，以改进教学实践。

（五）提供教学资源和案例分享

支持机构可以建立教学资源库，收集和分享优质的德育教学资源、案例和教学活动。这些资源可以供德育教师参考和借鉴，促进教学创新和教学质量的提升。

通过建立专门的德育教学支持机构，高职院校可以为德育教师提供全方位的支持和指导，促进其专业发展和教学能力的提升。这样的支持机构可以为教师提供培训、研讨、咨询等多种服务，帮助他们不断提高教学水平，为学生的德育发展做出更好的贡献。同时，支持机构还可以促进教师之间的合作与学习，推动德育教学的全面发展和专业支持。

二、资源的提供与共享

高职院校应该为德育教学提供必要的资源支持,包括教学设备、教材和教辅材料等。同时,高职院校可以建立资源共享平台,让德育教师分享教学资源和经验,促进彼此之间的合作和学习。这样可以提高教师的教学效果和创新能力。

(一)提供教学设备

高职院校可以为德育教学提供必要的教学设备,如多媒体教室、实验室设备、模拟场景等。这些设备可以帮助教师进行生动的教学呈现,提升学生的参与度和理解力。

(二)提供教材和教辅材料

高职院校可以编写或采购与德育教学相关的教材和教辅材料,包括道德教育读物、案例分析材料、职业道德指导手册等。这些教材和教辅材料可以帮助教师开展系统的德育教学,并提供给学生用以自主学习和参考。

(三)建立资源共享平台

高职院校可以建立资源共享平台,让德育教师分享自己的教学资源和经验。这个平台可以是一个在线的教学资源库,教师可以上传和下载各类教学资源,如教案、PPT、课件、教学视频等。同时,教师还可以在平台上进行交流和讨论,分享教学心得和经验。

(四)举办资源共享活动

高职院校可以组织资源共享活动,如德育教学经验交流会、资源展示会等。在这些活动中,教师可以展示自己的教学资源和创新实践,与其他教师分享,并进行互动和讨论。这样的活动可以促进教师之间的合作和学习,提高教学效果和创新能力。

(五)建立合作网络

高职院校可以与其他学校、教育机构、社会组织等建立合作网络,共享德育教学资源和经验。通过合作,可以拓宽资源获取渠道,获得更多的德育教学支持和灵感,并加强与外部专业人士的交流与合作。

通过为德育教学提供必要的资源支持,并建立资源共享平台,高职院校可以提升教师的教学效果和创新能力。资源的提供和共享有助于丰富教学内容、提高教学质量,并为教师提供更多的教学工具和方法。同时,资源的共享还可以促进教师之间的合作与学习,形成良好的教学互动和创新氛围。

通过建立支持和资源的机制和策略,高职院校可以为德育教师提供必要的支持和资源,促进他们的专业发展和教学效果的提升。这将有助于高职院校德育教学工作的持续发展和改进,为学生提供更加全面和优质的德育教育。

第四节　德育教师培训和培养的有效方法

在高职院校德育教学评估与效果中，德育教师的培训和培养是至关重要的。以下是几个有效的方法来提升德育教师的能力和素质。

一、专业培训课程

高职院校可以组织专门的德育教师培训课程，提供相关的理论知识和实践技巧。培训课程涵盖道德教育理论、教学方法、课程设计等方面的内容，帮助德育教师理解德育教育的重要性和目标，并提供实际操作的指导。

（一）德育教育理论

培训课程包括德育教育的理论基础，如道德教育的理念、目标和原则，职业道德的基本要求等。通过理论学习，德育教师可以加深对德育教育的认识和理解，明确自己的角色和责任。

（二）教学方法和策略

培训课程应该介绍德育教学的各种方法和策略，包括案例教学、讨论式教学、情景模拟等。德育教师可以学习如何设计和组织德育教学活动，激发学生的参与和思考，并培养学生的道德意识和判断能力。

（三）课程设计与评估

德育教师培训课程包括课程设计和评估的内容。德育教师可以学习如何制定德育教育的课程目标和内容，以及如何评估学生的德育发展情况。课程设计和评估的技能可以帮助德育教师制订有效的教学计划，以及根据学生的实际情况进行评估和反馈。

（四）实践操作指导

培训课程应该提供实践操作指导，让德育教师通过实际的教学活动来应用所学的理论和方法。包括教学案例的分析、教学观摩和实地教学等。通过实践操作指导，德育教师可以提高自己的教学技能和经验，增强对德育教育的实践能力。

（五）经验交流与反思

培训课程应提供经验交流和反思的机会，让德育教师互相学习和借鉴。可以组织讨论会、研讨会或小组讨论等，让德育教师分享自己的教学经验和反思，共同探讨德育教育中出现的问题和直面挑战。

在高职院校中，德育教师专业培训课程的设计和实施需要综合考虑学校的德育教育理念、目标和实际情况。课程内容应具有针对性和实用性，帮助德育教师提升专业素养和教学能力。此外，培训课程的连续性和持续性也很重要，可以设置不同层次和阶段的课程，满足德育教师不同阶段的培养需求。通过专业培训课程，高职院校可以为德育教师提供系统化和持续性的教育支持，提升他们的教学质量和专业发展。

二、实践经验分享

邀请有丰富德育教学经验的教师或专家来分享他们的实践经验。通过研讨会、座谈会或工作坊的形式进行。分享者可以分享成功的案例、教学策略和教学反思，为德育教师提供启示和借鉴。

（一）研讨会

组织德育教师研讨会，邀请有经验的教师或专家分享他们的实践经验。研讨会可以以主题或案例为基础，通过讲座、讨论和互动等形式，让教师深入探讨德育教学中的问题和挑战，共同寻找解决方案。

1. 确定研讨会主题

根据学校的德育教学目标和教师的需求，确定研讨会的主题。可以选择与德育教学相关的特定领域，如道德教育、职业道德、社会责任等，或者选择具有代表性的德育案例进行深入研讨。

2. 邀请专家和经验丰富的教师

邀请具有丰富德育教学经验的教师或专家来分享他们的实践经验和观点。这些专家可以是学校内部的教师，也可以是外部的德育教育专家。他们通过讲座、演讲或工作坊的形式分享他们的教学策略、经验和教学资源。

3. 设计互动环节

为了促进教师之间的互动和交流，设计互动环节是很重要的。可以安排小组讨论、案例分析、角色扮演等活动，让教师共同参与研讨，分享彼此的观点和经验，并共同探讨德育教学中的问题和挑战。

（二）座谈会

安排德育教师座谈会，让有经验的教师或专家与德育教师进行面对面的交流和讨论。座谈会可以设定特定的话题或问题，教师分享自己的实践经验、教学策略和教学反思，以便相互启发和借鉴。

（三）工作坊

组织德育教师工作坊，以小组合作的形式进行实践经验的分享和交流。教师以小组为单位，分享自己的成功案例或教学策略，并进行互动和讨论。工作坊可以提供具体的案例分析和教学示范，以便帮助德育教师更好地理解和运用德育教学的方法和技巧。

（四）学术讲座

邀请德育教育领域的专家学者进行学术讲座，分享最新的研究成果和教育理论。学术讲座可以提供德育教育的前沿知识和趋势,为德育教师更新教学观念和理念,提供理论支持和指导。

通过实践经验的分享,德育教师可以从他人的成功经验中获得启示和借鉴,发现新的教学策略和方法,进一步提升自己的教学水平和专业发展。同时,这种交流和分享也能够促进德育教师之间的合作和学习氛围,形成共同成长的机制。高职院校可以积极组织和支持这样的活动,为德育教师提供学习和交流的机会,推动德育教育的发展。

三、教学观摩和反馈

组织德育教师之间的教学观摩活动,让教师互相观摩和评价彼此的教学实践。通过观摩和反馈,教师可以学习他人的优点和经验,并发现自身的不足之处,从而进行教学改进。

(一)规划观摩活动

组织德育教师之间的教学观摩活动,可以根据教师的需求和兴趣,选择不同领域或主题的教学课程进行观摩。确保观摩的课程具有代表性和示范性,能够展示出优秀的德育教学实践。

1.需求调研

了解德育教师的需求和兴趣,通过调查问卷或座谈会等方式收集教师的观摩课程偏好和学习需求。根据收集的数据和意见,确定观摩活动的主题和范围。

2.主题选择

根据调研结果和学校德育教学的重点,选择具有代表性和示范性的观摩课程主题。包括道德教育课程、职业道德课程、社会实践课程等,涵盖德育教学的各个方面。

3.教师推荐

邀请有经验和优秀的德育教师担任观摩教师,他们可以是学校内部的教师,也可以是外部的专家。确保观摩教师具有良好的教学声誉和优秀的德育教育实践经验。

(二)设定观摩目标

在观摩前,明确观摩的目标和重点,指导教师在观摩过程中关注和学习的内容。可以设定一些具体的问题或关注点,如教学策略、师生互动、学生参与度等,以帮助教师有针对性地观摩和反思。

1.确定观摩的主题

根据德育教学的重点和教师的需求,确定观摩活动的主题。可以选择特定的教学策略、课程设计模式、师生互动形式等作为观摩的主题。

2.分析观摩的目的

确定观摩的目的和意义,明确为何选择这个主题进行观摩,以及观摩后期望达到的效果。例如,是为了学习一种新的教学策略,提高学生的参与度,或者改善师生之间的互动等。

3. 设定具体的观摩问题

根据观摩的主题和目的，设定具体的观摩问题或关注点。这些问题可以是开放性的，引导教师思考和观察某个方面的教学实践。例如，观摩教师的课堂管理技巧、学生合作学习的方式、教师对道德问题的引导等。

4. 提供相关资源和资料

为教师提供相关的教学资源和资料，帮助他们更好地了解观摩主题和问题。包括教学案例、文献资料、视频录像等，以便教师在观摩前对主题有更深入的了解。

通过设定观摩目标，教师可以在观摩过程中有针对性地关注和学习特定的教学内容或方面。这有助于教师更加专注地进行观摩和反思，从中获得实际的教学经验和启发，提升自己的教学能力和水平。同时，设定观摩目标也有助于评估观摩活动的有效性和价值。

（三）观摩过程中的记录和反思

观摩过程中，教师可以进行观摩记录，记录下值得借鉴和学习的教学方法和技巧。同时，教师也可以进行实时反思，思考如何将观摩到的经验和策略应用到自己的教学实践中。

1. 观摩记录

教师可以使用笔记本、电子设备或观摩表格等工具进行观摩记录。记录下值得借鉴和学习的教学方法、策略和技巧，包括教师的表现、学生的反应、课堂组织等方面。具体的记录内容包括关键点、关注的教学策略和方法、教学资源的使用等。

2. 实时反思

在观摩过程中，教师可以进行实时反思，思考如何将观摩到的经验和策略应用到自己的教学实践中。教师可以思考以下问题：

这个教学方法或策略对我的教学有何启示？

如何适应和应用这个教学方法到自己的课堂中？

我的教学环境和学生群体是否适合使用这个方法？

是否需要做适当的调整或改进？

3. 反思讨论会

在观摩活动结束后，可以组织反思讨论会，让教师分享他们的观摩记录和实时反思。教师可以交流彼此的观察和体会，分享如何应用观摩中学到的经验和策略。这种反思讨论会可以促进教师之间的互动和学习，共同提升德育教学的质量。

通过观摩记录和实时反思，教师可以更加深入地理解观摩经验，将其转化为实际的教学行动。这种反思过程可以帮助教师发现自身教学中的不足之处，并探索如何改进和创新教学实践，提高自己的教学水平，促进德育教育的不断发展。

参考文献

[1] 刘茜.茶文化在高职学生德育教育中可行性研究与实践[J].农业考古,2017(5):45-48.

[2] 张厚军.新时代茶文化在高校德育中的应用研究[J].福建茶叶,2018(12):142-145.

[3] 徐雪华.茶文化在高职德育教育中的可行性研究与实践探索[J].福建茶叶,2020(9):195-196.

[4] 熊慧珺.网络环境下德育工作创新研究[J].中国新通信,2021(17):241-242.

[5] 黄文莉.网络环境下高职院校的德育探究[J].新课程研究,2021(12):52-53.

[6] 陈莉,汪灵.网络环境下高职院校德育工作探讨[J].计算机产品与流通,2020(11):88.

[7] 薛萧萧.网络环境下高职德育教育分析[J].国际公关,2020(9):134-135.

[8] 郝灿.网络环境下高职院校学生德育工作的探索[J].中外企业家,2020(2):177.

[9] 田茂林."互联网+"背景下高职院校德育教育质量提升策略探析[J].创新创业理论研究与实践,2019(12):114-115.

[10] 张辉.基于网络环境的民办高职院校学生思想政治教育现状及优化对策[J].湖北开放职业学院学报,2018(22):61-62.

[11] 马延年.新时代高职院校德育运行机制与实施策略探究[J].大学,2021(16):143-145.

[12] 陈令霞,祝木伟,张书.新时代高职院校德育工作创新与实践[J].现代职业教育,2022(33):21-24.

[13] 王娟.中职计算机教学德育渗透的现实意义和路径选择探究[J].吉林教育,2022(28):53-55.

[14] 钱拯宏.学校"四惠"德育品牌建设的实践与探索[J].华人时刊(校长),2019(12):31-32.

[15] 胡红.信息化时代德育工作创新举措——以江苏省常州旅游商贸高等职业技术学校为例[J].江苏教育,2016(16):33-35.

[16] 王平.中职计算机网络教学渗透"学科德育"的探索[J].电脑知识与技术,2021(20):245-246.

[17] 卢元文.新时代下高职院校德育工作的路径思考——基于福州F院校的实证研究[J].教育观察,2020(30):42-45.

[18] 牛国栋．探索德育新举措打造德育新品牌[J]．河南教育（职成教），2018（5）：8-9．

[19] 全区职业院校德育研讨会在河池市召开[J]．广西教育，2020（2）：169．

[20] 黄彩春．德育飘香让校园成为文明的沃土[J]．考试周刊，2018（22）：18．

[21] 秦武峰，石海云．两对接一融入新三进：基于办学特色的选择性必修思政课"绿色中国"课程的开发与实施[J]．中国林业产业，2022（7）：60-64．

[22] 许俊杰．高职思政课混合式教学有效性评价体系探析[J]．太原城市职业技术学院学报，2022（11）：165-168．

[23] 赵丁海．自信自强守正创新——一堂百草园里的"沉浸式"思政课[J]．中国医学人文，2022（12）：60-61．

[24] 尤明秋．"大思政"视野下思政课实践教学体系创新——高职思政课"一主三化三结合"实践教学体系创新与构建[J]．辽宁高职学报，2022（11）：76-80．

[25] 刘顺初，肖卓霖．高职思政课改革贯彻"八个相统一"的理论思考[J]．清远职业技术学院学报，2022（6）：80-84．

[26] 孙立宇．"大思政课"建设视阈下中职思政课的教学改革研究[J]．天津职业院校联合学报，2022（9）：32-36．

[27] 王润萍．后疫情时代高职思政课混合式教学的实施困境与优化策略[J]．佳木斯职业学院学报，2023（1）：163-166．

[28] 王芸．线上线下混合式实践教学在高职院校思政课中的应用研究——以安徽警官职业学院为例[J]．安徽职业技术学院学报，2022（4）：10-14．

[29] 徐昌．高职院校思政课混合式教学高质量发展的策略研究[J]．重庆电力高等专科学校学报，2022（6）：54-56，66．

[30] 陈银．高职院校社团文化建设现状和应对策略研究[J]．智库时代，2019（39）：64，67．

[31] 柴婷玉．隐性教育策略在中学德育工作中的应用[J]．现代交际，2019（16）：122-123．

[32] 倪智捷．校史文化在高校隐性德育中的思考与运用[J]．大众文艺，2019（7）：199-200．

[33] 杨雪群．激励策略在班主任德育教育中的应用探究[J]．时代教育，2018（2）：152，180．

[34] 章策文．学生自我管理素养的意蕴、结构及培养[J]．教学与管理（理论版），2021（1）：15-17．

[35] 王伟．目前我国技工教育发展中存在的问题及解决路径研究[J]．机械职业教育，2020（9）：24-27．

[36] 张晓燕，张万红．高职大学生自我管理对提升通用能力和专业能力中介效应实证研究[J]．江苏高教，2017（12）：99-103．

[37] 葛春艳．基于产教融合的高等职业教育专业课程改革研究[J]．现代商贸工业，2022，43（11）：185-187．

[38] 刘亚龙.职业教育高质量发展的探索与实践———以上海城建职业学院数字建造学院为例[J].现代商贸工业,2022,43(21):34-35.

[39] 高云裳.茶文化在高职院校德育教育中的价值研究[J].福建茶叶,2017(2):216-217.

[40] 张殿尉,刘佳杰.茶文化在高职院校德育教育中的渗透[J].福建茶叶,2016(6):205-206.

[41] 沈秋娜.茶文化德育功能在高职院校思想政治教育工作中的应用探析[J].福建茶叶,2018(1):445-446.